Michael Argyle/Peter Trower · Signale von Mensch zu Mensch

Michael Argyle/Peter Trower

Signale von Mensch zu Mensch

Die Wege der Verständigung

Beltz Verlag · Weinheim und Basel 1981

Die Originalausgabe erschien unter dem Titel „Person to Person. Ways of Communication“ (The Life Cycle Series)

Aus dem Englischen übersetzt von Manfred Ohl und Hans Sartorius

Umschlaggestaltung: Eckard Warminski, Frankfurt am Main
Hersteller: Adolf Heinzlmeier, Buchteam Frankfurt
Umschlagbild: Werner A. Kilian, Eltville
Gesamtherstellung: Beltz Offsetdruck, 6944 Hemsbach über Weinheim
Printed in Germany

ISBN 3 407 85008 5

Inhaltsverzeichnis

1. Elemente des Sozialverhaltens

Die menschliche Gesellschaft ist ein Netz von Beziehungen, das Menschen miteinander verbindet. Vergleichen wir es mit einem Fischernetz, sind die Knoten Menschen, und der Faden steht für die Beziehungen zwischen ihnen. Aber was ist der Faden im Leben der Menschen? Unsere Antwort – die Kommunikation. Herr A und Herr B können in einem Zimmer nahe beieinanderstehen, aber solange sie nicht miteinander kommunizieren, gibt es keine Beziehung zwischen ihnen.

Kommunikation führt Menschen zusammen und bewirkt auch den Zusammenhalt unter ihnen. Deshalb glauben wir, daß sie zu den wichtigsten Aspekten menschlichen Verhaltens zählt. Genaugenommen ist sie das Element, das alles, was wir normalerweise als menschliches Verhalten ansehen, erst ermöglicht – denn menschliches Verhalten, wie wir es kennen, spielt sich in der Gesellschaft ab.

Kommunikation ist für das menschliche Leben so fundamental, daß sie praktisch ununterbrochen stattfindet – sehr oft sind wir uns dessen gar nicht bewußt. Begegnen sich zwei Menschen, läßt es sich de facto nicht vermeiden, daß sie sich *etwas* vermitteln. Die Situation der beiden Männer in einem Zimmer, die nicht miteinander kommunizieren, ist daher normalerweise unmöglich. Sie ist nur in einem surrealistischen Theaterstück oder auf einem Gemälde vorstellbar. Selbst ohne Sprechen findet ein Austausch von Botschaften zwischen ihnen statt – Blicke, Gesichtsausdruck und Körperhaltung teilen dem anderen etwas mit, und sei es auch nur: ‚Ich will mit Ihnen nichts zu tun haben. Bleiben Sie auf Distanz.' – ‚Sie können sicher sein, ich empfinde ebenso. Ich halte Abstand, wenn Sie es auch tun.'

Verhaltensregeln

Wie ist es möglich, daß die kleinen Signale, die wir aussenden, soviel bedeuten? Ganz einfach, sie folgen bestimmten Regeln. Im allgemeinen gibt es auf jeden Satz, den wir zu einem anderen sagen, nur wenige sinnvolle Antworten. Wenn Sie zum Beispiel sagen: „Für mich ist ein Rolls-Royce ein besseres Auto als ein Mercedes", wären Sie nicht wenig verblüfft, wenn Ihr Gesprächspartner antworten würde: „Mein Papagei spricht nur Griechisch." Aber die Macht der Regeln, die unsere Gespräche

beherrschen, ist so groß, daß Ihnen nur eine einzige plausible Reaktion bleibt, vorausgesetzt, Sie wollen ein vernünftiges Gespräch führen: Sie werden so etwas entgegnen wie: „Wie bitte?“, oder „,Was sagten Sie?“
Ähnliche Regeln gelten für die Kommunikation ohne Worte – für die nonverbale Kommunikation. Es gibt viele verschiedene Ausdrucksmöglichkeiten und Bewegungen, von denen manche eine unmißverständliche Interpretation zulassen – und nur diese. Andere wiederum sind vieldeutiger; um sie zu verstehen, müssen wir ihren *Kontext* kennen, die Situation, in der sie entstehen. So sind zum Beispiel ein kurzes, rasches Heben der Augenbrauen und ein Blick eine Form der Begrüßung, die wohl allen Menschen vertraut ist. Aber sie können ebenso stillschweigenden Zweifel ausdrücken, wenn zwei Personen einer dritten zuhören.
Dieses Buch beschäftigt sich mit Kommunikation: mit den verschiedenen Verhaltensformen, die Botschaften übermitteln; von Ihrem Lächeln bis hin zu den Kleidern, die Sie tragen. Die meisten von uns lernen diese Verhaltensformen und benutzen sie, ohne daß sie ihnen je bewußt werden – ebensowenig denken wir über das Gesche-

Nichts hören, nichts sehen, nichts sprechen – eine vertraute verbale Botschaft, nonverbal übermittelt.

◀ *Gesichter, Arme, Beine, Posen – Menschen kommunizieren damit ebenso wirkungsvoll wie mit Sprache.*

hen nach. Wir wollen Sie mit einem der Geheimnisse Ihrer Persönlichkeit vertraut machen und Ihnen zeigen, wie das Netz der menschlichen Gesellschaft durch das Band des gesellschaftlichen Umgangs zusammengehalten wird.
Viele Leser werden der Ansicht sein, daß sie die meisten dieser Verhaltensformen hinreichend beherrschen. Aber trotzdem werden sie vielleicht die Gelegenheit begrüßen, einmal über einzelne Details ihres Verhaltens nachzudenken – etwa, wann man seinen Gesprächspartner ansehen sollte und wann nicht. Andere werden sich für die Gesamtaussage des Buches in allen Einzelheiten interessieren. Vielleicht handelt es sich dabei um Menschen, denen manche der sozialen Fertigkeiten fehlen, die es einem ermöglichen, sich innerhalb der Gesellschaft zurechtzufinden, und die deshalb isoliert, einsam und unglücklich leben. Manche gelten vielleicht sogar als ‚psychisch krank', während sie in Wirklichkeit nur keine Gelegenheit hatten, angemessenes Sozialverhalten zu lernen. Unsere Arbeit als Psychologen hat uns gezeigt, daß solchen Menschen geholfen und daß ihr Leben verändert werden kann. Wie, das sollen die folgenden Seiten zeigen.

Wege der Kommunikation

Alles, was wir mit unserem physischen Apparat, dem Körper, tun, um mit anderen zu kommunizieren, ist soziales Verhalten, ob es sich um ein Augenzwinkern, um das Tragen von Uniform oder um ein langes Gespräch handelt. Unser Körper eignet sich gut dazu, Botschaften von Mensch zu Mensch zu übermitteln und zu empfangen. Zwei normale Menschen im Gespräch übermitteln so viele Botschaften so schnell, daß ein Sozialwissenschaftler, Ray Birdwhistell, hundert Stunden brauchte, um nur wenige Sekunden einer Unterhaltung zu analysieren, die in Zeitlupe gefilmt worden war.
Auf welche Weise übermitteln die Menschen diese vielen Botschaften?

Mit Hilfe von Tönen

Unser Stimmapparat ist so differenziert, daß wir in der Lage sind, tausende verschiedener Töne zu produzieren. Wir bringen laute oder leise Geräusche hervor, indem wir die Stärke des Luftstroms verändern, der durch die Stimmbänder hindurchgepreßt wird und sie vibrieren läßt. Durch Veränderung der Mundstellung formen wir verschiedene Töne, mit Zunge und Gaumen bilden wir harte und weiche Laute, durch entsprechende Bewegungen der Lippen offene und geschlossene, durch Muskelkontrolle der Stimmbänder hohe und tiefe Töne.

Durch das Gesicht

Das Gesicht hat Augen zum Sehen, eine Nase zum Riechen, Mund und Kiefer zum Essen – Organe, die lebensnotwendig sind. Aber das Gesicht hat noch eine Funktion: Botschaften an andere zu senden. Ein komplexes Muskelsystem verleiht ihm so große Beweglichkeit, daß es viele unterschiedliche Empfindungen übermitteln kann. Diese Empfindungen kommen im wesentlichen in den Stellungen und Bewegungen der Augenbrauen, im Öffnen und Verengen der Augen, in den Bewegungen der Augäpfel und in den Veränderungen der Mundstellung zum Ausdruck.

Ein gemächlicher Plausch mit einer Vielzahl von Ausdrucksformen. Im Hintergrund eine stumme Aufforderung zum Kauf.

Durch den Körper

Kopf, Arme und Rumpf: Die Menschen sind sich der evidenten Funktionen des Körpers, wie Fortbewegung und Ergreifen von Dingen, deutlicher bewußt, als seiner Aufgabe bei der Kommunikation. Zu dieser ‚Körpersprache' gehören unter anderem die Haltungen und Bewegungen von Kopf und Rumpf, die Handbewegungen und die Stellung von Armen und Beinen.

Manche Gesten sind universal: feierliche Verbeugungen sind ein Zeichen von Ehrerbietung . . .

. . . übermütige Vertraulichkeit ein Zeichen von Respektlosigkeit und angekratzter Autorität.

Durch unsere Kleidung

Wir tragen Kleider, um uns zum Beispiel warm zu halten, da wir im Unterschied zu Tieren kein schützendes Fell besitzen. Aber auch zum Zwecke der Kommunikation tragen wir Kleidungsstücke in unterschiedlichen Farben, Macharten und Materialien. Wir tragen Schmuck und andere kostbare Dinge, Bärte und Frisuren, wir benutzen Kosmetika und Parfüms; wir hantieren mit Tabakpfeifen und Spazierstökken, und es ist von Bedeutung, ob wir uns anderen Menschen nähern, ob wir uns von ihnen entfernt halten oder uns gar völlig isolieren.

Grundlage jeder wirksamen Kommunikation ist die Bedeutsamkeit unserer sprachlichen und nichtsprachlichen Äußerungen. Ebenso wie der Signalgast auf einem Schiff

‚Ungeschminkte' Gesichter in der Öffentlichkeit... Sie empfangen nicht nur private Botschaften, sondern auch Signale der Zugehörigkeit zur Gruppe.

mit seiner Flagge einem Beobachter bestimmte Informationen vermittelt, sendet auch jeder Mensch an seine Umgebung spezifische Botschaften. Ein Zwinkern kann geheimes Einverständnis bedeuten, ein erhobener Zeigefinger einen Verweis, und eine Verbeugung signalisiert Ehrerbietung – es sei denn, sie wird von einem Lächeln begleitet, das sie ins Gegenteil verkehrt.

Wir alle senden täglich im Gespräch Hunderte solcher kleinen Signale aus, ohne uns dessen wirklich bewußt zu sein. Wir tun es vielleicht sogar am Telefon, obwohl uns der Gesprächspartner nicht sehen kann.

Auf diese Weise senden und empfangen wir einen ununterbrochenen vielschichtigen Strom von Signalen. Sie lassen erkennen, was in uns vorgeht, geben Aufschluß über unsere Gefühle, Gedanken und Haltungen, über unsere Persönlichkeit, unser Geschlecht, unseren sozialen Status (also darüber, wer wir sind) und über die unmittelbare Situation sowie über vergangene oder künftige Ereignisse (also darüber, was in der Umgebung geschieht). Nur wenige Menschen sind in der Lage, ihr Tun zu beschreiben, und wenn sie innehielten, um darüber nachzudenken, könnten sie nicht mehr handeln. Und doch lernen wir alles

oder beinahe alles von Geburt an, sei es durch Anleitung, Beobachtung, Nachahmung oder durch Belohnung, wenn uns etwas gelingt.
In jahrelangen sorgfältigen Untersuchungen, in denen das Sozialverhalten von Menschen in unterschiedlichsten Situationen mit modernen technischen Hilfsmitteln (hochentwickelten Aufnahmegeräten und Filmaufnahmen in Zeitlupe) beobachtet wurde, haben Sozialwissenschaftler auf der ganzen Welt viele der elementaren Bausteine menschlicher Kommunikation erforscht.

Die sozialen Signale

Gesicht
Mit dem Gesicht können wir uns am besten ausdrücken. Gordon Allport sagt: „Die Natur hat es verschwenderisch mit Nerven und feinsten Muskeln ausgestattet; es ist unbedeckt und so der sichtbarste Teil ... es ist das Gesicht, mit dem der Mensch der Welt begegnet ..."
Knochenbau, Haut, Größe, Haare und Form bestimmen die Individualität des Gesichts. Manche Merkmale lassen sich kaum verändern, aber durch Ernährung, Kosmetika, Schminke oder, gravierender, durch kosmetische Operation können wir auf andere Einfluß nehmen. Die unveränderlichen Merkmale sagen uns etwas über Charakter, Abstammung, Geschlecht und Alter einer Person.

Geschlecht
In der Vorstellung vieler Menschen hat das weibliche Gesicht runde Formen, weiche Züge, volle herzförmige Lippen, große Augen, lange Wimpern, einen zarten und reinen Teint, während man beim männlichen Gesicht an kantige Züge denkt: ausgeprägter Unterkiefer, eine gerade schmale oder eine breite Nase, betonte Kinn- und Stirnpartie etc.
Selbstverständlich besitzen nicht alle Männer ein klassisch maskulines und nicht alle Frauen ein klassisch weibliches Gesicht, aber viele versuchen durch Make-up, Frisur, Bart etc. ihr Gesicht maskuliner bzw. femininer wirken zu lassen. In den letzten Jahren haben solche geschlechtsspezifischen Merkmale an Bedeutung verloren, und die Unterschiede sind nicht mehr so kraß. Aber in unserer Gesellschaft spielt das männliche bzw. das weibliche Aussehen eine so große Rolle, daß es zweifelhaft erscheint, ob sich ‚Unisex' tatsächlich durchsetzen kann.

Alter
Das Alter von Kindern läßt sich leicht am Gesicht ablesen, das sich gerade in den ersten Lebensjahren sehr schnell verändert.
Die verräterischen Zeichen des Alters sind uns allen vertraut: Falten, Krähenfüße, schlaffe Haut, Veränderung des Teints, Abbau des Fettgewebes etc. – und natürlich graue Haare oder zunehmende Kahlheit.
Es gibt Mittel, mit denen sich das Alter tarnen läßt. Frauen benutzen spezielle Hautlotions und Kosmetika. Frauen und Männer lassen sich das Gesicht ‚liften', Haare transplantieren oder tragen Perücken.
Manche Menschen sind vom Schicksal begünstigt, denn sie wirken jünger – etwa durch hohe Backenknochen, die die Bil-

Das veränderte Gesicht: Weniger als sechzig Monate liegen zwischen dem Babygesicht (links oben) und dem unverwechselbaren Individuum (rechts oben) – mehr als sechzig Jahre sind vergangen, aber Charlie (unten links) und Sir Charles Chaplin (unten rechts) sind unverkennbar Charlie Chaplin.

dung schwerer Tränensäcke verhindern – andere altern schneller, etwa durch die intensive Sonnenstrahlung in heißen Klimazonen.

Persönlichkeit und Identität

Jedes Gesicht ist einmalig, und zwar durch die Vielfalt im Detail, die wir bei keinem anderen Körperteil kennen. Neben den Merkmalen, die einen Menschen identifizieren – buschige Augenbrauen, ein Leberfleck auf der Wange oder die charakteristischen Proportionen der Gesichtspartien – gibt es andere, von denen man glaubt, daß sie Aufschluß über seine Persönlichkeit geben können.

Untersuchungen haben nur wenige Anhaltspunkte für eine Gleichsetzung von Äußerlichkeiten mit Charakterzügen geliefert, obwohl zwischen Körperbau und Persönlichkeitstyp ein lockerer Zusammenhang besteht.

Beispiele:

volles rundes Gesicht	fröhlich
schmales Gesicht	ernsthaft
volle Lippen	sinnlich (bei einer Frau)
schmale Lippen	gewissenhaft, pedantisch
hohe Stirn	intelligent
hervorstehende Augen	nervös, reizbar
glanzlose Augen	geistig träge

Unser Gesicht wechselt oft freiwillig oder unfreiwillig sekundenschnell Ausdruck und Farbe. Die Farbskala eines kaukasischen Gesichts reicht von sehr blaß bis zu leuchtendem Rot – entweder rötet sich das ganze Gesicht oder nur bestimmte Stellen. Obwohl Weiße es im allgemeinen nicht wahrnehmen, verändert sich auch die Gesichtsfarbe von Schwarzen. Das Erröten und das Erblassen sind auf wechselnden Blutdruck und auf das Zusammenziehen oder Erweitern der Blutgefäße unter der Haut zurückzuführen.

Die äußerst komplexen und feinen Muskeln des Gesichts ermöglichen uns bestimmte Bewegungen der Augenbrauen, erstaunlich viele Veränderungen der Augen- und Mundform, einige Bewegungen der Nase und viele andere mehr. Eine Reihe sozialer Signale basiert auf der Beweglichkeit unseres Gesichts.

Empfindungen

Das Gesicht ist der Spiegel unserer Empfindungen. Worte oder andere Körperteile spielen dabei nur eine untergeordnete Rolle. Ein starkes Gefühl läßt sich nicht unterdrücken; wir erröten vor Verlegenheit oder Zorn, Schock oder Angst lassen uns blaß werden, wir schluchzen bei großer Trauer, starke Erregung weitet unsere Pupillen.

Es ist nicht ausgeschlossen, daß unsere Mimik ein Erbteil unserer Vorfahren, der Affen ist. Wir öffnen vor Überraschung weit die Augen, um besser sehen zu können, und entblößen im Zorn die Zähne, um zu ‚beißen'. Das Lächeln hat sich vielleicht aus dem Angstgesicht entwickelt (zurückgezogene Mundwinkel). Ethologen haben es bei Menschenaffen als Beschwichtigungsgeste beobachtet. Unser Lächeln spricht jedoch von freundlichen Absichten, obwohl auch wir es als Mittel der Besänftigung einsetzen.

In vielen Kulturen versuchen die Menschen ihre Gefühle zu verbergen, besonders negative wie Angst und Zorn. Wir alle tragen die meiste Zeit ein neutral interessiertes Gesicht zur Schau, das sogenannte verbindliche Lächeln. Oft genug zeigen wir unsere wahren Gefühle durch kleine verräterische Signale, z. B. eine flüchtige Grimasse, oder kommunizieren mehrere Gefühle gleichzeitig, z. B. Zorn und Trauer oder Glück und Überraschung.

Die Sprache des Gesichts

Ein guter Redner spricht nicht nur, er bewegt sich, er gestikuliert und wechselt den Gesichtsausdruck. Ein Lächeln nimmt seiner Aussage den Ernst, ein Stirnrunzeln unterstreicht ihn. Der gute Zuhörer kommentiert das Gesagte mimisch durch Nikken, Kopfschütteln, Stirnrunzeln, Lächeln oder deutliches Interesse. Diese Signale sind meist sehr kurz; oft dauern sie nur den Bruchteil einer Sekunde.
Wir kennen auch situationsbedingte Signale: freundliche bei Begrüßungen, würdevolle im Gottesdienst oder bei Hochzeiten und traurige bei Begräbnissen.

Die Augen
Die Augen sind vermutlich unsere intensivsten Signalgeber. Dichter haben über die verzaubernde Sprache der Augen geschrieben. Einer nannte die Augen Fenster der Seele. Wir alle wissen, daß Blicke Aggression, Angst oder Liebe auslösen können.
Die meisten Menschen blicken dem Gesprächspartner etwa ein Drittel der Zeit (oder länger) in die Augen. Der Blickkontakt verstärkt die gegenseitige Aufmerksamkeit. Beim Zuhören beobachten wir den anderen beinahe ununterbrochen, um möglichst viele Informationen aufzunehmen; außerdem ist es eine Grundregel höflichen Verhaltens, auf diese Weise Aufmerksamkeit zu zeigen. Wenn wir jedoch selbst sprechen, blicken wir den anderen seltener an; wir richten den Blick auf Dinge, die in Beziehung zum Gespräch stehen, oder an die Decke, auf den Boden, aus dem Fenster etc. Hin und wieder blicken wir auch auf den Gesprächspartner, um festzustellen, ob er noch zuhört, ob seine Gedanken abschweifen oder ob er sich vielleicht über das Gesagte ärgert.

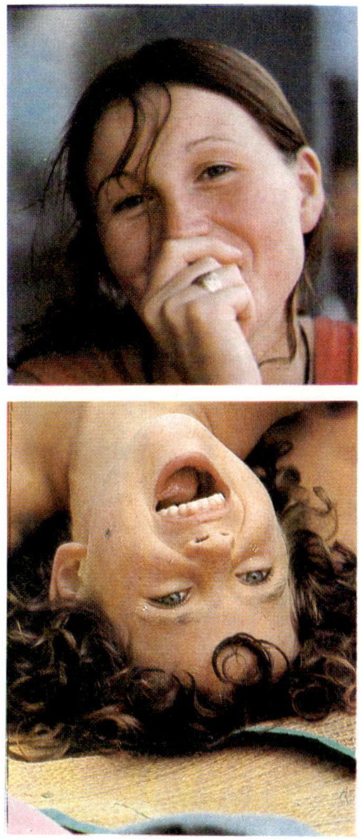

Es steht in den Augen geschrieben – aber kann man die Botschaft lesen, wenn man auf dem Kopf steht?

Manchmal werfen wir uns Blicke zu wie Bälle beim Spiel. Höre ich auf zu sprechen, gebe ich den Gesprächsball durch einen Blick an den anderen weiter, der ihn seinerseits mit einem Blick auffängt und zur Seite sieht. Übergibt der andere mir das Wort, verläuft das Spiel umgekehrt. Ohne diese Art ‚Augenarbeit' ist es äußerst schwierig, ein Gespräch zu führen.

Man stelle sich jemanden vor, der den Blick abwendet, sobald man zu sprechen beginnt, und erst wieder aufblickt, wenn man aufhört. Oder denken Sie an jemanden, der Ihnen hartnäckig in die Augen blickt, während er selbst spricht, oder Ihnen in kurzen Abständen flüchtige Blicke zuwirft, auf Ihre Füße oder auf Ihren Genitalbereich starrt. Wer einen anderen zu intensiv anblickt, ruft Hemmungen und Unbehagen hervor, während jemand, der zu selten blickt, das Gefühl vermittelt, sich zu langweilen oder anderer Meinung zu sein. Die meisten von uns achten sorgsam darauf, wie und wann sie andere ansehen, um niemanden zu verletzen.
Freundliche Menschen suchen häufiger Blickkontakte, Frauen meist mehr als Männer, und in gewisser Hinsicht blicken sie auch freundlicher und wohlwollender. Ein Mensch, der zu einem anderen eine engere Beziehung sucht, wird ihn oft anblicken. Er läuft dabei jedoch Gefahr, aufdringlich zu wirken, löst vielleicht Ängste aus und erreicht das Gegenteil: Der andere zieht sich zurück. Liebende bilden eine Ausnahme. Sie blicken sich gegenseitig in die Augen, weil sie Intimität suchen. In einer solchen Situation signalisieren geweitete Pupillen Vertrautheit, denn die Pupillen vergrößern sich, wenn wir jemanden sehen, den wir mögen. Männer ziehen Mädchen mit großen Pupillen unbewußt anderen vor.
Die Regeln für den zulässigen Blickkontakt sind von Kultur zu Kultur verschieden. Südeuropäer blicken sich sehr viel häufiger an als Nordeuropäer und Amerikaner. Beim Zusammentreffen von Menschen dieser Länder entstehen daraus immer wieder Probleme. Engländer halten Italiener wegen ihrer tiefen Blicke für aufdringlich, aber die Italiener bezeichnen die Engländer als kalt, weil sie intensiven Blickkontakt vermeiden.

Will Opa mit mir spielen? Das Kind unterstreicht seinen Wunsch durch einen strengen Blick.

Dominante Augen

Intensiver Blickkontakt ist auch ein Mittel, um andere zu beherrschen und zu bedrohen. Dominante oder aggressive Menschen zwingen mit kalten oder harten Blicken ihr Gegenüber dazu, die Augen niederzuschlagen. Der Sieger in diesem Duell wird den Unterlegenen daraufhin seltener anblikken. Ähnliches beobachten wir auch bei Vorgesetzten in ihrem Blickverhalten gegenüber Untergebenen.

Unterwürfige und scheue Menschen neigen dazu, direkten Augenkontakt zu vermeiden und blicken häufig zu Boden.

Dominante männliche Affen verhalten sich in dieser Hinsicht wie Menschen. Vielleicht hat diese Methode, eine Hackordnung herzustellen, biologische Wurzeln.

Augen und Persönlichkeit

Auch Sie werden – richtig oder falsch – danach beurteilt, wie Sie die Augen gebrauchen. Sind Sie ein Mensch, der häufig Augenkontakt herstellt, gelten Sie vermutlich als extrovertiert, freundlich, selbstbewußt, natürlich, reif und aufrichtig; vermeiden Sie Augenkontakte, beurteilt man Sie vielleicht weniger günstig: als kalt, pessimistisch, defensiv, ausweichend, unterwürfig und indifferent.

Gesten

Gesten verraten uns viel über einen Menschen. Sie lassen erkennen, ob er wütend, ängstlich oder unsicher ist, ob er lügt oder sich freut. Gesten können Worte Lügen strafen oder ihnen Nachdruck verleihen. Viele Menschen reden mit den Händen. Ein Sprichwort sagt, Neapolitaner könnten mit gefesselten Händen nicht sprechen. Primitive Volksstämme, manche Geheimbünde und auch Gehörlose reden tatsächlich mit den Händen. Wir benutzen beim Gespräch Hände und Füße, um dem Gesprächspartner zu signalisieren, daß wir sprechen, einen neuen Satz oder einen neuen Gedanken beginnen wollen, unsere Gedanken schlecht formulieren können, und um unsere Worte zu unterstreichen.

Beispiele:

Geste	*Bedeutung*
Kopfnicken	Zustimmung
erhobene Faust	Zorn
Handflächen aneinanderreiben	Erwartung
Händeklatschen	Zustimmung
erhobene Hand	Aufmerksamkeit suchen
Gähnen	Langeweile
Hände reiben	Kälte oder Freude
Herbeiwinken	Aufforderung, zu kommen
Ausgestreckte Hand	Aufforderung zum Tanz
Deuten	Richtung zeigen
Daumen nach unten	Ablehnung
Gekreuzte Finger	Glück wünschen
Schulterklopfen	Ermutigung, Glückwunsch
Gespieltes Sich-Erschießen	Faux pas
Die Umrisse einer Frau in die Luft malen	Attraktive Frau
Bauch reiben	Hunger
Winken	Verabschieden (oder aus der Entfernung grüßen)
Händeschütteln	Begrüßen

Von Land zu Land gibt es in Art und Anzahl der Gesten große Unterschiede. Italiener, besonders Neapolitaner, besitzen vermutlich das größte Repertoire. Dazu zählen:

Gefaltete Hände rhythmisch heben und senken	Bitten
Sich an die Stirn schlagen	Enttäuschung
Hand aufs Herz legen	Aufrichtigkeit
Gegen die Nase klopfen	Argwohn
Daumen gegen die Schläfen drücken, Hände geöffnet	Spott
Den Unterkiefer schnell bewegen	Bestechung

Eine andere Gruppe, die viele Gesten benutzt, sind die Araber. Sie kennen:

Zurückwerfen des Kopfs, Schnalzen mit der Zunge	Nein
Im Sitzen gegen die Oberschenkel schlagen und sich dabei vorbeugen und aufrichten	Klage
Die Hand mit ausgestreckten Fingern nach oben und unten bewegen	Langsam!

Körperhaltung

Der große amerikanische Psychologe William James entdeckte vor beinahe fünfzig Jahren als erster die Bedeutung der Körperhaltung für die Kommunikation. Er legte Testpersonen dreißig Fotografien von Personen in unterschiedlicher Körperhaltung vor und forderte sie auf, die Intentionen der Abgebildeten zu interpretieren. Es wurden vier Grundhaltungen deutlich:

(a) Annäherung	Aufmerksamkeit, vermittelt durch vorgeneigten Oberkörper.
(b) Rückzug	Ablehnung, vermittelt durch Zurücklehnen oder Abwenden.
(c) Anmaßung	Stolz, Arroganz oder Überheblichkeit, vermittelt durch vorgewölbte Brust, geraden oder zurückgelehnten Oberkörper, erhobenen Kopf und hochgezogene Schultern.
(d) Hemmung	Depression, Niedergeschlagenheit, Mutlosigkeit, vermittelt durch schlaffen Oberkörper, gebeugten Kopf, herabhängende Schultern und eingefallenen Brustkorb.

Heute unterteilen wir die Grundhaltungen in: freundlich, kalt, dominant und unterwürfig. In den letzten Jahren haben genauere und differenziertere Untersuchungen die Ergebnisse von James untermauert. Albert Mehrabian, ein kalifornischer Wissenschaftler, sagt, Dominanz könne auch durch entspanntes Sitzen mit zurückgelehntem Oberkörper und bequem ausgestreckten Gliedmaßen signalisiert werden. Er spricht auch von einer ‚korrekten' Haltung, bei der Füße, Knie und Hände aneinandergedrückt werden, die den Eindruck von Schüchternheit verstärkt.

Psychoanalytiker haben Körperhaltungen anders interpretiert. Sie sehen sie mehr im Zusammenhang mit inneren Konflikten, ganz besonders im Bereich der Sexualität.

Beredte Körperhaltungen: Die lässige Sicherheit der Männer soll die vorübergehende Frau herausfordern – aber sie will mit ihnen nichts zu tun haben.

Die folgenden Beispiele beruhen nicht auf wissenschaftlichen Untersuchungsergebnissen!

Keine Bauchbewegungen	Sexuelle Hemmungen
steife, militärische Haltung (Männer)	unterdrückte Ängste
sprödes Benehmen, aufrechte Haltung (Frauen)	unterdrückte Ängste
affektiertes Benehmen	Konflikt zwischen Bereitschaft zum Flirt und Scheu
vorgeschobene Schultern, eingesunkener Brustkorb (junges Mädchen)	Scham über die Entwicklung der Brust
im Sessel räkeln, laszive erotische Bewegungen	Ausdruck sexueller Impulse

Manche Gesellschaften haben für bestimmte Situationen ungewöhnliche Kommunikationsformen entwickelt. Die Batoka zeigen ihre Unterwürfigkeit, indem sie sich auf den Rücken legen, von einer Seite auf die andere rollen und sich dabei auf die Außenseite der Oberschenkel schlagen. (‚Du mußt mich nicht unterwerfen, ich habe mich bereits unterworfen.') Im alten Peru demonstrierte man Unterwürfigkeit durch gebundene Hände und ein Seil um den Hals. Die Fundah und die Tonga beugen den Nacken, damit der Überlegene seinen Fuß daraufsetzen kann; Europäer lassen die Arme sinken und seufzen.

Verhalten im Raum

Der Abstand, in dem sich zwei Menschen noch hören und sehen können, ist begrenzt. Die Entfernung, die sie einhalten, wenn sie sich begegnen, hängt von ihrem Status und ihrer Beziehung ab. Edward T. Hall untersuchte als einer der ersten das Verhalten von Menschen im Raum.

Jeder von uns schafft sich eine Art persönlichen Raum, in den nur bestimmte Personen eindringen dürfen. Innerhalb von 45 cm – dem *intimen Raum* – werden nur Ehepartner, Geliebte, kleine Kinder und enge Familienangehörige geduldet. In dieser Nähe können wir uns praktisch überall berühren, Ausdünstungen riechen, Wärme und Atem wahrnehmen und die kleinsten Poren und Makel der Haut erkennen.

Auf 120 cm bis 45 cm – dem *persönlichen Raum* – dürfen Freunde sich uns nähern; im Umkreis von 270 cm bis 120 cm – dem *sozialen Raum* – spielen sich die meisten sozialen Interaktionen ab. Auf diese Entfernung können wir uns weder berühren noch riechen und sind nicht in der Lage, aufschlußreiche Details zu erkennen.

Größere Abstände werden als *öffentlicher, unpersönlicher Raum* betrachtet. In bestimmten Situationen gelten die Regeln nicht, zum Beispiel an überfüllten Orten wie Zügen, Fahrstühlen etc. Dort achten die Menschen sehr darauf, den Austausch sozialer Signale zu vermeiden.

Nur eine Begrüßung oder eine Statusdemonstration?

Es gibt jedoch noch eine andere Art, den Raum kommunikativ zu nutzen – durch Abwenden oder Zuwenden des Körpers. Sich eng gegenüberstehen, bedeutet äußerste Intimität. Wollen wir eine solche Intimität vermeiden, wenden wir zum Beispiel den Blick ab, wenn uns in einem überfüllten Zug jemand zu nahe kommt. Freunde sitzen beim Gespräch gerne dicht zusammen, entweder im rechten Winkel oder nebeneinander. Kontrahenten ziehen es vor, möglichst entfernt oder einander gegenüber zu sitzen.

Die Menschen fassen wie die Tiere den Raum, der sie umgibt, als privates Territorium auf. Tiere hinterlassen als Warnung für potentielle Eindringlinge Kot- oder Urinmarkierungen; Menschen benutzen

Europäer und Nordamerikaner würden sich so dicht beisammen nicht wohl fühlen: ihre individuellen territorialen Ansprüche sind größer als bei den Arabern.

Kleider, Möbel, Namensschilder und andere persönliche Dinge. Der Vorgesetzte sitzt vielleicht in einem bequemen Sessel hinter einem großen Schreibtisch, aber seine Besucher müssen auf harten Stühlen Platz nehmen. Ein Richter sitzt auf seinem Richterstuhl, und ein Priester steht auf der Kanzel. Eine Person von niedrigem sozialen Status zeigt ihre Ehrerbietung durch respektvollen Abstand; sie betritt das Territorium eines Höhergestellten in ängstlicher Erwartung: Ein zaghaftes Klopfen, Verharren in der geöffneten Tür und demütiges Warten, zum Sitzen aufgefordert zu werden.

Eine Person mit höherem Status kann geradewegs eintreten, *hinter* den Schreibtisch des anderen gehen und sich sogar über den Betreffenden beugen, um die Dominanz zu betonen.

Menschen formen durch Distanz- und Orientierungshinweise soziale Gruppen. Auf Partys bildet man zum Beispiel einen Kreis oder Halbkreis, steht oder sitzt dicht beisammen und wendet sich einander zu. Vielleicht schirmt man sich sogar mit Ellbogen, Schultern, Beinen und Füßen ab, die anderen Gäste gehen um solche Gruppen herum, als seien sie von einer magischen Barriere umgeben.

Das Verhalten im Raum variiert entsprechend der kulturellen und nationalen Zugehörigkeit. Araber und Lateinamerikaner stehen sich gerne Auge in Auge gegenüber und sitzen enger zusammen als Nordamerikaner und Europäer. Schwarze Amerikaner halten sogar noch größeren Abstand. In bestimmten Gegenden Indiens mußten die Kasten traditionsgemäß folgende Entfernungen voneinander einhalten:

Brahmanen Nayaren	ca. 2 m
Aravanen	ca. 7,50 m
Cherumanen	ca. 10 m
Nayaden	ca. 20 m

Berührung

Berührungen sind vermutlich die primitivste und intimste Form persönlichen Engagements; oft sind sie sexueller Natur. In einigen westlichen Kulturen sind Berührungen so stark tabuisiert, daß der persönliche Raum nur selten nicht respektiert wird. Ein Wissenschaftler untersuchte die Häufigkeit von Berührungen in verschiedenen Ländern. Er beobachtete in Cafés, wie oft sich Personen innerhalb einer Stunde berührten.
Er kam zu folgendem Ergebnis:

San Juan (Puerto Rico)	180
Paris	110
Gainesville (Florida)	2
London	0

Es gibt Formen der Berührung, die keinerlei Intimität signalisieren; sie sind im allgemeinen zwischen Fremden gestattet. Angehörige bestimmter Berufe wie Ärzte, Krankenschwestern, Schneider, Zahnärzte, Masseure, Gymnastiklehrer, Friseure, Kosmetikerinnen und Schuhverkäufer dürfen berühren. Berührungen sind auch in einigen Sportarten wie Rugby und Ringen erlaubt und bei bestimmten Zeremonien. Denken wir an Examensfeiern, Hochzeiten und Begrüßungen. In überfüllten U-Bahnen und in anderen öffentlichen Situationen werden Berührungen notgedrungen ignoriert.
Viele Europäer und Amerikaner vermissen die Intimität der Berührung so sehr, daß sie sich zu speziellen Gruppen zusammenschließen, in denen sie durch gegenseitiges Berühren enge, wenn auch temporäre Beziehungen entwickeln.

Aussehen

Kleider, Schmuck, Körperbau, Haare und Gesichtszüge sind gute Informationsquellen. Wir wählen unsere Kleidung nach recht strengen Regeln; wir tragen zum Beispiel keine Fußballstiefel zur Anzugsjacke und keinen Overall bei der Arbeit in einem Versicherungsbüro. Der Bankangestellte in der Großstadt wird sich korrekter kleiden als sein Kollege auf dem Land.
Jugendliche empfinden oft das Bedürfnis, sich mit einer Gruppe Gleichaltriger zu identifizieren. Europa hat in den letzten zwei Jahrzehnten eine Reihe von Trends mit erkennbarer Uniformierung erlebt. Man denke an die Teddyboys, an Rocker, Skinheads, Hippies, Punks und Poppers.
Unsere Kleidung soll unter anderem auch unsere Persönlichkeit projizieren. Gesellige und extrovertierte Personen tragen hellere und buntere Farben als introvertierte. Manche Menschen verleihen ihrer Individualität durch merkwürdige Kombinationen Ausdruck.
So denkt man bei einem Mann in einem teuren Anzug, einem Hemd mit goldenen Manschettenknöpfen, grünen Socken, mit Schottenmütze, Tartankrawatte und buschigem roten Bart an hohen sozialen Status, Exzentrik, aufbrausendes Temperament und schottische Abstammung.

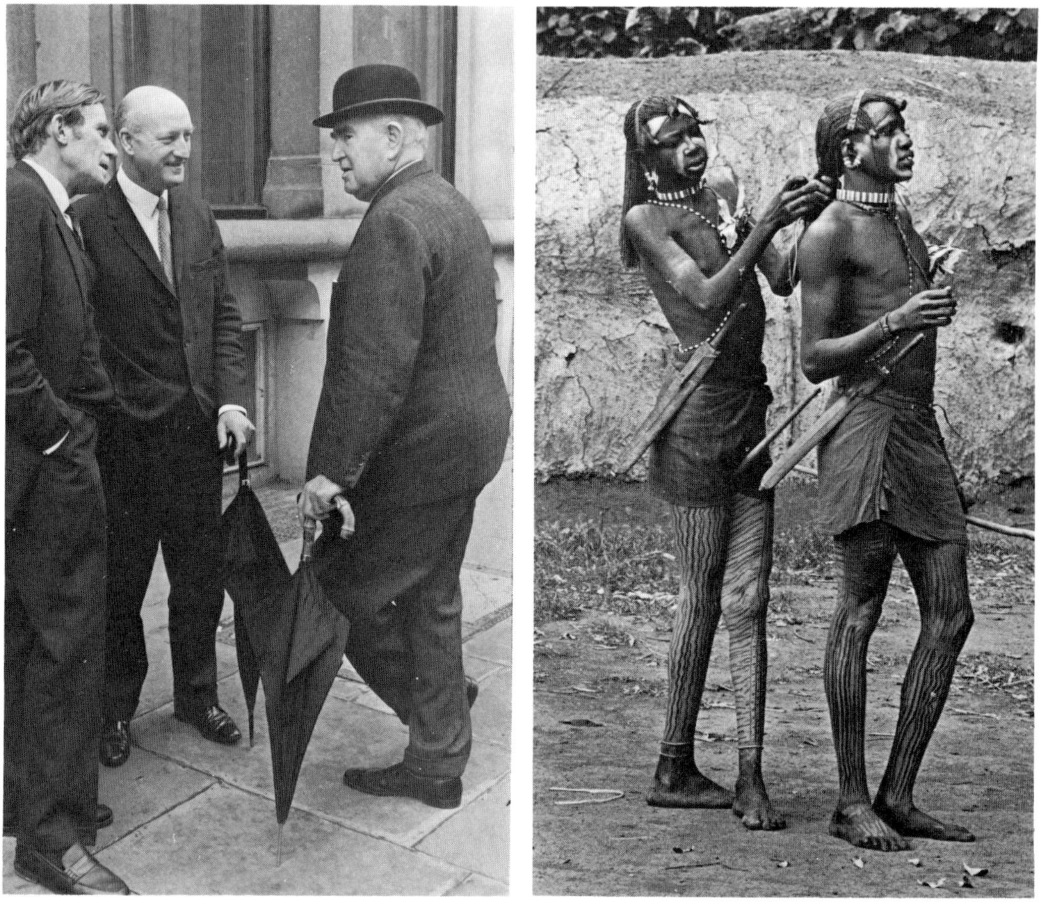

Eine ,Uniform' verkündet Zugehörigkeit zu einer Gruppe oder Klasse – und ist nicht notwendigerweise Kleidung!

Stimme

Neben den *visuellen* Signalen gibt es *akustische*, die wir in erster Linie mit der Stimme hervorbringen. Unsere Stimme muß laut genug sein, damit der andere sie hört, klar genug, damit er die Worte versteht, und wir müssen in einer angemessenen Geschwindigkeit sprechen, damit er dem Gesagten folgen kann. Wir variieren Töne, um Gefühle und Haltungen auszudrücken, und benutzen sie als hörbare Version der Interpunktion.

Lautstärke

Die meisten Untersuchungen stimmen darin überein, daß Lautstärke ein charakteristisches Merkmal selbstbewußter Menschen ist und wir allgemein damit starke

Gefühle wie Zorn, Angst und Überraschung ausdrücken. Zurückhaltende, scheue und freundliche Menschen sprechen dagegen mit leiser Stimme; Klangfarbe und Tonlage entscheiden jedoch darüber, welcher Eindruck hervorgerufen wird. Außerdem setzen wir durch Lautstärke auch Akzente.

Klang

Der Klang einer Stimme und ihre charakteristischen Eigenschaften hängen von der Resonanz der Töne ab, die in den Stimmbändern erzeugt und in den Höhlungen von Mund und Nase geformt werden. Klangvolle Töne empfinden wir als angenehm, und es erstaunt nicht, daß Resonanz und Lautstärke den Eindruck von Dominanz hervorrufen. Leise, resonante Stimmen erwecken ein Gefühl von Traurigkeit oder Zuneigung. Eine rauchige Stimme klingt erwachsen und erfahren, eine flache depressiv und energielos, eine hohe schwach und eine gepreßte Stimme ängstlich.

Tun Sie, was ich Ihnen gesagt habe! Die Lautstärke verleiht dem Befehl Nachdruck.

Stimmlage
Eine tiefe Stimme klingt maskulin und eine hohe feminin. Man hält tiefe Stimmen für dominanter und hohe für unterwürfiger. (Wir bitten Frauen und Männer mit hohen Stimmen für diese Verallgemeinerung um Nachsicht.) Ein Wechseln der Stimmlage gilt ebenfalls als weiblicher Zug, aber Untersuchungen, die genauere Aussagen ermöglichen sollten, haben zu widersprüchlichen Ergebnissen geführt. Danach handelt es sich dabei um dynamische, angenehme, glückliche Personen. Aber eine neuere Untersuchung ergab, daß Menschen, die beim Sprechen oft die Stimmlage wechseln, als grausam, ernst und emotionslos angesehen werden.
Welchen Eindruck die Stimmlage auch hervorrufen mag, sie ist wichtig, um einer Rede Inhalt, Farbe und Nachdruck zu verleihen. Eintönigkeit ist ein Zeichen von Depression; lautes und schnelles Sprechen wirkt in vielen Fällen überzeugend und beeindruckend.
Andererseits hat Charles Aronovitch herausgefunden, daß eine volltönende Stimme und schnelles Sprechen eine vorsichtige, introvertierte Person voller Selbstzweifel (und möglicherweise mangelnder Reife) verbergen sollen. Der aufmerksame Beobachter spürt vielleicht, daß der Sprechende damit versucht, seine Schwächen zu überdecken. Auch andere Empfindungen und Intentionen werden von der Stimme enthüllt. Ängstliche Menschen sprechen vielleicht sehr schnell, versprechen sich oft oder stottern sogar. Die Sprache verrät die soziale Stellung eines Menschen – und dies gilt nicht nur für den Dialekt.

Sprechen

Bei einem Dialog bestreitet jeder Gesprächspartner im Idealfall etwa 50% der Unterhaltung. In der Praxis schwankt der Prozentsatz jedoch zwischen 70% und 30%; bemerkenswerte Ausnahmen von dieser Regel sind Interviews. Langweilige, deprimierte oder verschlossene Personen unterschreiten diese Grenzen. Es kann zum Verhältnis 90% zu 10% kommen. Ein Großteil des Gesprochenen dient nur der Information; es erfüllt aber auch eine Reihe anderer Funktionen. Und darüber geben neuere Untersuchungen mehr Aufschluß.

Sprechen dient nicht nur dem Austausch von Informationen, es kann auch die Absicht verfolgen, andere zum Handeln zu bringen. Offiziere ‚unterhalten' sich nicht mit ihren Untergebenen; sie erteilen Befehle, Anweisungen und geben Instruktionen. Kinder lernen diese Art des Sprechens vielleicht deshalb zuerst, damit sie Nahrung und Spielzeug erhalten. Auch dominante Menschen wenden sie oft an. Die Befragung ist eine verwandte Version dieser Art des Sprechens. Sie ist eine allgemein verbreitete verbale Technik, deren Vielseitigkeit und Nutzen häufig von uns nicht erkannt wird. Sie garantiert praktisch, daß der andere etwas sagt; deshalb ist sie so wirkungsvoll, um ein Gespräch in Gang zu bringen und um Interesse zu zeigen.

Plaudern ist zum Austausch von Informationen denkbar ungeeignet. Erst in letzter Zeit hat man erkannt, daß damit ein anderer Zweck verfolgt wird. Plaudern schafft in erster Linie Genuß an einer Beziehung. Vermutlich ersetzt es das Pflegeverhalten

der Primaten. Die Affen berühren sich gegenseitig, flöhen sich und grunzen – die Menschen dagegen plaudern.
Wir alle verwenden im Alltag oft Redewendungen ohne wirklichen Inhalt, die aber etwas *bewirken*, d. h. eine Situation unmittelbar verändern. Denken wir zum Beispiel an die Begrüßung: Die ritualisierten Sätze sagen nichts aus, sondern sind eine andere Form verbalen Pflegeverhaltens. Abschied und Danksagung sind zwei weitere Beispiele dafür.

2. Die zwei Sprachen des Menschen

Der Mensch benutzt zwei verschiedene Sprachen, von denen jede eine Funktion erfüllt. Uns allen ist die verbale oder gesprochene Sprache vertraut, sei es Hindi, Deutsch oder eine beliebige andere Sprache, mit der Informationen über die Welt ausgetauscht werden. Es ist die Sprache der Fakten und Dinge, die gesprochene Sprache der Logik und der Problemlösungen, die Sprache, die sich schreiben läßt. Es gibt eine andere, rätselhaftere Sprache: die Körpersprache, die wir oft unbewußt benutzen, um die Mosaiksteinchen unseres Wesens auszudrücken – unsere Empfindungen, Einstellungen und Persönlichkeitsmerkmale. Computer lösen mathematische Probleme und schreiben auch eine Art Deutsch, aber diese zweite Sprache geht über die Möglichkeiten von Maschinen hinaus. Der Mensch braucht beide Sprachen, um die zwei Seiten seines Wesens ausdrücken zu können. Seine menschliche Seite knüpft Beziehungen zu anderen Menschen, und seine praktische, funktionale Seite hilft ihm, Dinge zu tun.

Menschliche Beziehungen werden hauptsächlich durch nonverbale Signale hergestellt, entwickelt und aufrechterhalten, obwohl dabei selbstverständlich auch Worte gewechselt werden. Eine Reihe von Experimenten hat gezeigt, daß eine unfreundliche Mitteilung, die in freundlichem Ton und mit einem Lächeln gemacht wird, bei Erwachsenen in vielen Fällen zu Mißverständnissen führt: Man glaubt an eine freundliche Nachricht und achtet kaum auf den Inhalt. Kinder verhalten sich anders. Sie reagieren richtig auf negative verbale Botschaften. Sie verstehen den Satz: „Ich glaube, Du warst sehr ungezogen“, selbst wenn er freundlich und mit einem Lächeln gesagt wird.

Wir nehmen die nonverbalen Signale anderer nur zum Teil bewußt auf. Wir übersehen, daß ihre Pupillen sich weiten, wenn sie uns attraktiv finden, und achten normalerweise nicht auf ihre Körperhaltung. Wir sind uns auch nur selten der Signale bewußt, die wir aussenden. Die nonverbalen Signale sind eine ‚stumme Sprache‘. Vielleicht beschäftigt sie unsere Aufmerksamkeit nur am Rand, aber trotzdem kann sie der wichtigere Aspekt einer Begegnung sein. Zwei junge Verliebte unterhalten sich z. B. über Mathematik oder Religion. Natürlich ist das nicht ihr Hauptanliegen, aber über *etwas* müssen sie schließlich sprechen.

Er muß nicht rufen: ‚Ich habe gewonnen!' – sein Körper sagt es uns.

Zeichen und Signale – keine Körpersprache. Sie mag tragen was sie will, der Daumen sagt: ‚Ich möchte mitgenommen werden!‘

Worte sind bei der gemeinsamen Durchführung einer manuellen Aufgabe nützlich – etwa beim Baumfällen oder wenn einer einen anderen bei der Arbeit beaufsichtigt. Mit Worten geben wir detaillierte Informationen, lösen Probleme und gelangen zu Entscheidungen. Man nimmt allgemein an, daß sich die Sprache entwickelte, weil sie in den praktischen Situationen des Lebens und Überlebens einen evolutionären Vorteil bot.

Dabei werden aber auch nonverbale Signale eingesetzt: Deuten, Gesten aller Art, Hilfestellungen, mimische Kommentare. In lärmenden Fabriken und in Aufnahmestudios, in denen man sich nicht durch Worte verständigen kann, nehmen sie teilweise den Platz der Sprache ein. Signale dieser Art sind jedoch nicht mit der Körpersprache identisch.

Soziale Fähigkeiten

Soziales Verhalten läßt sich mit dem Autofahren vergleichen. Die Analogie mag merkwürdig erscheinen, aber sie stimmt in zwei wichtigen Aspekten. In beiden Fällen gibt es ein Ziel: Der Autofahrer macht sich auf den Weg, um an einen bestimmten Ort zu gelangen, – und nichts anderes ist das Ziel sozialer Interaktion. Es sind Leistungen, die ein beträchtliches Maß an Können

Hände und Arme des Schülers werden zu ‚Servomechanismen', die von den Bewegungen des Lehrers gelenkt werden: direkte Kommunikation.

voraussetzen, und der eine ist darin geschickter als der andere.

Das Ziel einer Autofahrt ist normalerweise bekannt, etwa bei der Fahrt von Frankfurt nach München. Selbst wenn das Ziel so klar ist wie in diesem Fall, gehen die Menschen unterschiedlich vor, um es zu erreichen. Es gibt Fahrer, die mit Hilfe einer Karte jeden Abschnitt der Strecke ausarbeiten; sie informieren sich, wo sie rechts und wo sie links abbiegen müssen, wo Staus zu erwarten sind, notieren Autobahnausfahrten usw. Andere planen nur die ersten Kilometer und entscheiden sich während der Fahrt für eine Strecke.

Viele Autofahrten haben ein weniger eindeutiges Ziel – man möchte ein Restaurant oder einen Badeplatz finden, den man noch nicht kennt. Auch in diesem Fall könnte man im voraus eine Route ausarbeiten, aber das würde dem Unternehmen viel von dem Vergnügen nehmen, etwas Unbekanntes zu erforschen. Wir verfolgen also ein doppeltes Ziel: Wir begeben uns an einen unbekannten Ort und wählen unter den unbekannten Restaurants das verheißungsvollste. Es gibt auch noch den Sonntagsfahrer, der ohne bestimmtes Ziel fährt und nur seine Freizeit in einer schönen Landschaft verbringen möchte.

Gespräche haben selten so eindeutig definierte Ziele. Die meisten gleichen mehr der

Suche nach dem unbekannten Restaurant. Verhandlungen um die Neubesetzung einer Stelle, die Anfangsstadien einer Liebesbeziehung oder ein Schwätzchen lassen sich ebenso in diese Kategorie einordnen wie die vielen zwanglosen Unterhaltungen, hinter denen sich in Wirklichkeit der Versuch verbirgt, etwas herauszufinden – etwa ob die Marmelade der Nachbarin besser ist als die eigene, ob die Nachbarskinder ein teureres Fahrrad bekommen haben als Ihre Kinder, oder ob Ihr Kollege, der für ein Konkurrenzunternehmen arbeitet, im vergangenen Monat einen größeren Umsatz erreicht hat als Sie.

Das richtige Plaudern ist ziellos wie der Sonntagsausflug und geschieht um seiner selbst willen. Wie die ungeplante Autofahrt kann es Momente großer Überraschung und Genuß bringen, endet aber oft in Enttäuschung und Langeweile.

Die folgenden Beispiele veranschaulichen die verschiedenen Arten einer Unterhaltungs‚reise' mit einem bestimmten Ziel: Übermittlung von Informationen (Unterricht oder Ausbildung); Lösung von Problemen und das Treffen von Entscheidungen (Konferenzen etc.); Schließen von Bekanntschaften und Freude an einer Beziehung.

Die erfolgreiche Lenkung eines Gesprächs läßt sich ebenfalls mit dem Autofahren vergleichen. Beim Autofahren achtet man auf Verkehrsschilder, auf die Hinweistafeln am Straßenrand und vergleicht sie mit der Karte. Wenn Sie rechts nicht von links unterscheiden können, Norden nicht von Süden oder den Unterschied zwischen Straßen erster und zweiter Ordnung nicht kennen, geraten Sie in Schwierigkeiten. Es entstehen ähnlich große Probleme, das Ziel zu erreichen, wenn man im Gespräch die Zeichen und Signale nicht kennt oder nicht beachtet, die andere aussenden.

Gespräch als erlernte Fähigkeit

Sitzt man zum ersten Mal am Steuer eines Autos, so sieht man sich einer verwirrenden Vielzahl verschiedener Dinge gegenüber, auf die man gleichzeitig achten soll. Es erfordert große Anstrengung und Konzentration, mit dem Auto geradeaus zu fahren, selbst wenn man dabei über Geschwindigkeit, Schalten, Kreuzungen oder Verkehrsschilder nicht nachdenkt. Die verschiedenen Handgriffe müssen einzeln gelernt und in Kombination angewendet werden. Später kann man ohne Nachdenken bremsen und umschalten und dabei auf die Verkehrszeichen an einer unbekannten Kreuzung blicken – solange es die Situation erlaubt. Ein routinierter Fahrer kann eine vertraute Strecke zurücklegen, ohne über sein Tun nachzudenken.

Die individuelle Sehweise beeinflußt unser Verhalten. Eine Lehrerin ist durch ihre Ausbildung geprägt. Sie hat einen Plan für die Unterrichtsstunde, sie versucht vielleicht, auf spezielle Fragen zu sprechen zu kommen, indem sie zunächst allgemeinere oder fundamentalere Themen erörtert, und sie hat eine klare Vorstellung, welches Verhalten der Schüler akzeptiert.

Die Schüler sehen das Klassenzimmer unter einem anderen Gesichtspunkt: Übertritt die Lehrerin *ihre* Regeln, wird sie ‚bestraft'. Gibt sie zu viele Hausaufgaben oder ist sie ungerecht, reagiert die Klasse mit verstärktem Lärm und größerer Unruhe.

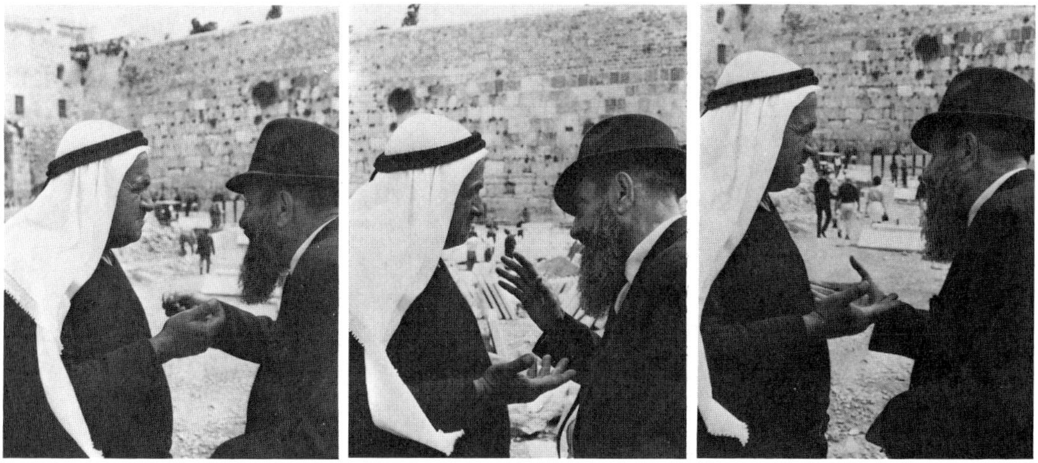

Hochentwickelte Fähigkeiten führen leicht zu einem standardisierten Verhaltensrepertoire.

Feedback (Rückmeldung)

Der Fahrer eines Fahrzeugs muß ununterbrochen auf die Straße achten, damit er mit Lenkrad, Bremsen, Schaltung, etc. schnell reagieren kann. Er paßt sich so der allgemeinen Verkehrslage an. Die ständige Anpassung als Reaktion auf ein Feedback ist ein grundlegender Bestandteil richtigen Verhaltens. Auch soziales Verhalten ist auf Feedback angewiesen. Beobachten wir, daß der Gesprächspartner uns nicht richtig verstanden hat, so erklären wir den betreffenden Punkt deutlicher oder ausführlicher. Bemerken wir, daß sich in unserer Gesellschaft jemand langweilt oder eine feindselige Haltung einnimmt, versuchen wir, etwas dagegen zu unternehmen.

Die Korrekturen eines Anfängers kommen oft zu spät. Er sieht erst im letzten Moment, daß das Auto auf ein Hindernis zufährt, und reißt das Steuer herum. Der routinierte Autofahrer handelt früher; seine Korrekturen sind ausgewogen, und er reagiert ohne Nachdenken. Ein unerfahrener Personalchef bemerkt vielleicht erst nach einigen Minuten, daß der Bewerber wenig sagt; er greift aktiv in die Situation ein und stellt vielleicht die Frage: „Welche Aufgaben hatten Sie an Ihrem letzten Arbeitsplatz?“, die Gelegenheit zu einer langen Antwort bietet. Vielleicht ermuntert er auch den Bewerber durch Lächeln, Blicke und zustimmende Bemerkungen. Unter Umständen führt dies dazu, daß nur der Bewerber spricht, was eine weitere Korrektur erforderlich macht. Der erfahrene Personalchef dagegen wird dem Bewerber schon in den ersten Sekunden des Gesprächs die Möglichkeit bieten, angemessen zu Wort zu kommen.

Im Gespräch erhalten wir Feedback durch den Blick auf das Mienenspiel des anderen, durch das, was er sagt und wie er es sagt. Nonverbale Lautäußerungen und bedeutungslose Worte wie ‚wirklich?‘ und ‚aha,

aha' sind für das Feedback wichtiger als tiefschürfende Gedanken.

Über die Empfindungen eines Autos müssen wir uns keine Gedanken machen – auch nicht darüber, ob es uns akzeptiert. Aber im Umgang mit Menschen achten wir auf Reaktionen und versuchen uns vorzustellen, wie die anderen uns sehen – besonders bei einem Interview, in der Öffentlichkeit oder vor einer Fernsehkamera. Wer die Reaktionen seiner Mitmenschen gut beurteilen kann, wird sich im sozialen Kontext mühelos zurechtfinden. Psychisch Kranke sind so mit sich und ihren Problemen beschäftigt, daß sie sich nicht darum kümmern, was andere denken.

Das Lachen der Lehrerin ist für die Kinder die richtige Antwort – und da Lachen Zustimmung bedeutet, verstärkt es den Lerneffekt.

Ursache und Wirkung im sozialen Verhalten

Auch die einfachste Tätigkeit verlangt, daß wir uns klar darüber sind, was wir tun müssen, um den gewünschten Effekt zu erreichen – mit welchem Ruder wir ein Ruderboot nach links steuern, wie wir das Auto beschleunigen oder verlangsamen. Auch im sozialen Verhalten gibt es eine Reihe kausaler Zusammenhänge. Sie sind uns allen bewußt, solange unsere Interaktionsfähigkeit nicht ernsthaft gestört ist.

Verstärkung

Nehmen wir an, Marion möchte, daß Peter sich mehr um die Kinder kümmert. Belohnt Marion jeden Schritt, den er in diese Richtung unternimmt (durch Lächeln, Kopfnikken, Zärtlichkeiten, Blicke und Zustim-

Übereinstimmende Reaktionen zweier ‚alter Kumpel'.

mung), wird Peter sehr bald tun, was Marion wünscht. Aber Stirnrunzeln, Wegblicken oder andere Zeichen der Mißbilligung werden seine Bemühungen schnell wieder erlahmen lassen. Marion kann wählen, welches Verhalten von Peter sie lobt. Dadurch kann sie ihn dazu bringen, mehr über die Kinder und weniger über die Arbeit oder Fußball zu sprechen. Ihr Lob hat schnell Erfolg, und Peter muß es noch nicht einmal registrieren. Auch Marion ist sich ihrer Reaktion nicht unbedingt bewußt; sie drückt spontan Zustimmung oder Ablehnung aus. Der Vorgang wirkt in beide Richtungen: Wenn Marion tut, was Peter möchte, belohnt er sie dafür, daß sie ihn belohnt, und modifiziert so Marions Verhalten ebenfalls. Dieses Beispiel veranschaulicht eine der elementaren Methoden, mit denen Menschen sich einander anpassen – indem sie den anderen in der gewünschten Richtung beeinflussen. Jemand, der deutlich Signale der Zustimmung oder der Ablehnung gibt, hat im Gegensatz zu einem anderen, der das unterläßt oder allem zustimmt, größeren Einfluß auf diese Entwicklung. Untersuchungen haben gezeigt, daß beliebte Menschen andere oft und viel belohnen; unbeliebte und die meisten psychisch Kranken tun dies selten, da sie mehr damit beschäftigt sind, selbst Belohnungen zu suchen. Um beliebt zu sein, ja, um überhaupt Beziehungen aufrecht zu erhalten, müssen wir mehr belohnen als bestrafen.

Synchrones Verhalten

In sozialen Situationen kommt es häufig vor, daß das Verhalten zweier Personen sich überraschend gleicht: synchrone Körperhaltungen, Übernahme eines Lächelns oder eines Kopfnickens und anderer nonverbaler Signale. Vielleicht kopiert man sogar Sprechweise, Lautstärke, Tonfall, Art der Bemerkungen, die Tendenz, anderen ins Wort zu fallen, und benutzt ähnliche Ausdrücke. Dieser Vorgang vollzieht sich üblicherweise unbewußt, und wir reagieren befangen, wenn er uns bewußt wird. Vielleicht versuchen wir dann, unser Verhalten zu korrigieren.

Synchrones Verhalten wird manchmal bewußt eingesetzt. Es kann einem nervösen Menschen helfen, sich zu beruhigen, wenn man sich selbst ruhig und gelassen verhält. Voraussetzung dafür ist natürlich, daß man sich selbst gut unter Kontrolle hat, sonst läuft man Gefahr, sich von den Ängsten des anderen anstecken zu lassen. Wer auf solche Vorgänge achtet, wird besser in der Lage sein, seine Stimmung auf andere zu übertragen.

Ein und dasselbe Signal – einmal gönnerhaft und ermunternd, einmal ein müdes ‚Danke'.

Zuhörer können einem Redner schmeicheln und ihn zum Weiterreden ermuntern, indem sie seine Gesten übernehmen.

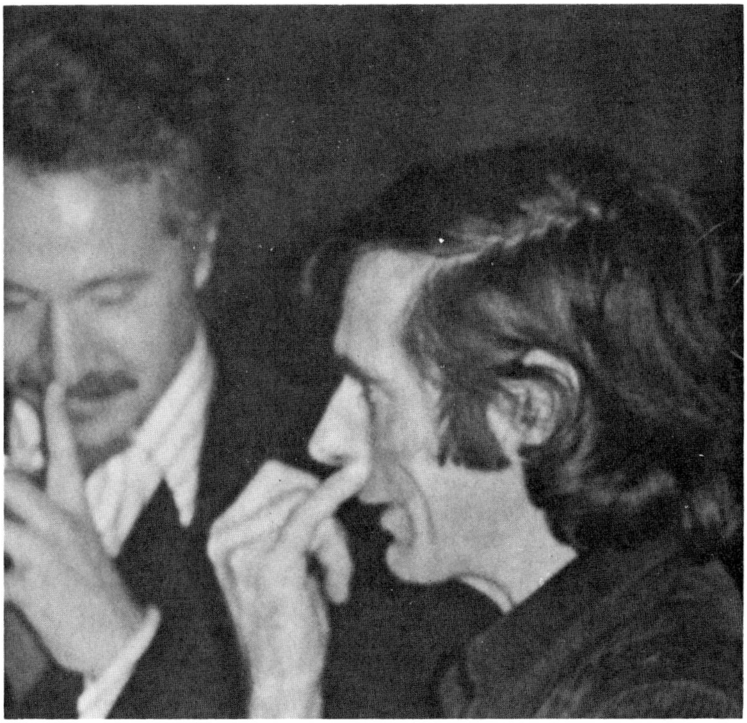

Anpassung
Zwei oder mehr Menschen, die sich in einem sozialen Kontext engagieren, müssen ihren persönlichen Stil soweit verändern, daß er mit dem des anderen harmoniert. In einer Gruppe muß Übereinstimmung über die Aktivitäten oder über die Gesprächsthemen herrschen. Man wird sich darüber einigen, wie lange jeder spricht. Diese ,Verhandlungen' werden mit nonverbalen Signalen ,geführt', oder indem man den anderen unterbricht. Man muß sich über den Grad der Intimität verständigen und darüber, wer in der Gruppe dominiert – auch das geschieht durch nonverbale Signale. Die Vereinbarungen können sich im Verlauf der Begegnung oder einer Reihe von Begegnungen verändern, je nachdem, wie sich die Beziehungen entwickeln.

Regeln

Es dürfte wohl kaum ein vernünftiges Spiel zustandekommen, wenn einer der Teilnehmer Skat und der andere Bridge spielt. Ähnlich merkwürdig würde eine Zusammenkunft verlaufen, von der die einen glauben, sie seien auf einer Party, und die anderen, sie seien auf einer Konferenz. Eine Begegnung kann nur harmonisch sein, wenn sich alle über die Art der Situation einig sind und sich an die entsprechenden Regeln halten. Wer Tennis spielen will, muß außer den notwendigen Fertigkeiten auch die Spielregeln beherrschen. Die Gesellschaft entwickelt Regeln (Konventionen) und erwartet, daß ihre Mitglieder sich daran halten. Wir alle respektieren viele Regeln, ohne uns dessen bewußt zu sein, so wie wir sprechen, ohne über die Regeln der Grammatik nachzudenken.

Viele Verhaltensregeln verändern sich von Situation zu Situation – ein festliches Abendessen unterscheidet sich z. B. von einem Picknick. Und die Regeln, die für eine bestimmte Situation Gültigkeit haben, variieren oft von Kultur zu Kultur. Denken wir zum Beispiel an Kauf- und Verkaufssituationen oder an Tischsitten. Manche Regeln scheinen jedoch allgemeingültig zu sein und weltweit befolgt zu werden. Auf eine Frage beispielsweise erwartet jeder eine Antwort, und gewöhnlich wird den Teilnehmern eines Gesprächs auch das Recht zugestanden, zu Wort zu kommen.

3. Urteilen über andere – glauben heißt sehen

Auf einer Party wird Jörg einem Fremden vorgestellt. Er bemerkt, daß der Mann eine Brille trägt, eine hohe Stirn hat und lächelt. Daraus schließt Jörg, daß der Mann intelligent und gewandt ist. Ihm fällt der muskulöse Körper des Fremden auf, und er hält ihn für selbstsicher und abenteuerlustig. Die beeindruckende Größe macht ihn in Jörgs Augen zu einer Führernatur, und aus der kultivierten Sprache schließt er, daß der Fremde der Oberschicht angehört und eine höhere Position bekleidet.

Jörg ist nicht der einzige, der sich ein vorschnelles und falsches Urteil bildet. In Situationen, in denen uns nur wenige Informationen zur Verfügung stehen, verleiten Aussehen und andere auffällige Hinweise nur zu oft zu falschen Schlußfolgerungen.

Experimente haben gezeigt, daß wir gutaussehenden Menschen eine Vielzahl positiver Eigenschaften zuschreiben. Wir halten sie für sinnlich, verständnisvoll, sensibel, freundlich, interessant, stark, kontaktfreudig usw.

Dies bedeutet, daß attraktive Menschen mit Wohlwollen und Privilegien rechnen können, die weniger attraktiven versagt bleiben. Das kann schwerwiegende Folgen haben. Der amerikanische Psychologe David Landy inszenierte eine Gerichtsszene mit Richter und Angeklagten, deren Schuld außer Zweifel stand. Es stellte sich heraus, daß der ‚Richter' einen unattraktiven Angeklagten zu mehr als neun Jahren Gefängnis, einen attraktiven jedoch für das gleiche Vergehen nur zu sechseinhalb Jahren verurteilte. Andere Wissenschaftler führten ähnliche Experimente mit vergleichbaren Resultaten durch. Wir wollen damit nicht andeuten, daß unsere Gerichte bei der Urteilsfindung so verfahren, können es aber auch nicht ausschließen.

Zu den physischen Merkmalen, die das Urteil anderer beeinflussen, gehören Körperbau, Größe, Kleidung, Hautfarbe und Gesichtsform. Wie kommen wir auf Grund von Äußerlichkeiten und ohne stichhaltige Beweise zu solchen Schlußfolgerungen? Zum Teil liegt es daran, daß wir bestimmte Stereotypen verinnerlicht haben, die in unserer Kultur idealisiert sind. Selbst wenn wir es rational nicht wahrhaben wollen, werden wir vielleicht von der verbreiteten Vorstellung beeinflußt, Blondinen seien dumm, leichtfertig, unbedarft usw. und übertragen diese Attribute auf eine blonde Frau, der wir begegnen (und verhalten uns

Sie mögen sich und tun alle das gleiche, ohne sich besonders untereinander verständigen zu müssen.

entsprechend). Stereotypen sind also Verallgemeinerungen, die eine bestimmte Personengruppe betreffen, und die Annahme, daß alle Mitglieder dieser Gruppe sich in etwa gleichen.

Stereotypen sind eine Hauptquelle der Vorurteile, und sie sind dort am wirksamsten, wo die Unwissenheit am größten ist.

◀ *Welches Urteil können wir über Personen abgeben, die ihrer ‚Uniform' beraubt sind? Sind es Tramper oder Bankiers, Rebellen oder Konformisten, handelt es sich nur um Spaß oder ist es gar Ausdruck von wirklicher Armut?*

Kennen wir zum Beispiel keine Chinesen oder Juden, neigen wir eher dazu, in Stereotypen über sie zu denken, als wenn ein Chinese oder Jude zu unseren Freunden zählt.

Manche Stereotypen werden von einer ganzen Gesellschaft geteilt, andere sind individuell und beruhen im allgemeinen auf mangelnder Erfahrung. Eine junge Frau, der die ersten Männer, mit denen sie ausgeht, sexuelle Anträge machen, übernimmt schnell den verbreiteten Glauben, daß ‚Männer immer nur an das eine denken'.

Individuelle Theorien, die oft keinen Bezug zur Realität haben, sind eine Quelle voreili-

Der erste Blick weckte in ihm sinnliches Verlangen; für sie war er ebenfalls einen zweiten Blick wert. Aber ist der Eindruck, den sie voneinander haben, auch richtig?

ger Schlußfolgerungen und können uns wie Stereotypen in die Irre führen. Der Psychologe L. Chelsea forderte junge Frauen auf, andere junge Frauen auf Grund bestimmter Eigenschaften zu beurteilen. Alle sahen zwischen Extrovertiertheit und Mut einen Zusammenhang und hielten extrovertierte Frauen für mutig. Diese Annahmen erwiesen sich jedoch als falsch. Die Testpersonen verdrehten die Wirklichkeit, um sich in ihrer Überzeugung bestätigt zu fühlen.

Nur in wenigen Fällen stehen bestimmte Eigenschaften untereinander in Beziehung. Heute vertreten viele Psychologen die Ansicht, daß individuelle Eigenschaften (soweit vorhanden) nur auf komplexe Weise sichtbar werden, das heißt in Verbindung mit sozialen Situationen. Für uns ist es bequem, einem Menschen bestimmte Eigenschaften zuzuschreiben, denn das erleichtert uns ein (unzuverlässiges) Urteil über ihn. Viele Untersuchungen haben gezeigt,daß die Menschen sich nicht so konstant verhalten, wie eine ‚Persönlichkeitstheorie' es suggeriert. Wir glauben aber dennoch daran, da die Welt so sicherer und überschaubarer wird.

Wir haben also gesehen, daß Stereotypen zu falschen Urteilen führen. Ist es richtiger, einen Menschen nach seinen Fähigkeiten zu beurteilen? Nicht immer, wie sich zeigt. Jerry Wiggins legte Testpersonen kurze Lebensläufe von Collegestudenten vor und forderte sie auf, deren Intelligenz zu beurteilen. Zwei Drittel der Testpersonen legten ihrem Urteil Wortschatz und Erfolg zugrunde (tatsächlich die geeignetsten Faktoren), andere beriefen sich auf Fleiß und sozialen Status. Nur wenige nannten ausgefallenere Kriterien wie emotionale Instabilität.

Nach einer verbreiteten, oft falschen Ansicht ist der erste Eindruck der richtige. „Als ich ihn zum ersten Mal sah, wußte ich sofort, ihm kann man nicht trauen." Ein erster Eindruck kann sich hartnäckig halten. Bei einem Experiment, das Edward Jones durchführte, beobachteten die Testpersonen einen Unbekannten bei der Lösung von Problemen, dem dann nach einiger Zeit Fehler unterliefen. Später sahen sie eine andere Person, die zunächst Fehler machte, dann aber die Probleme richtig löste. Die Testpersonen sollten entscheiden, wer intelligenter sei. Die meisten entschieden sich für die erste Person, obwohl beide gleich viele richtige Lösungen vorweisen konnten.

Der erste Eindruck stimmt nicht immer mit dem letzten überein. Brillenträger werden für intelligenter gehalten, wenn man sie nur kurz sieht. Hatten wir aber Gelegenheit, sie – wenn auch nur fünf Minuten – kennenzulernen, so hat die Brille kein Einfluß mehr auf unser Urteil.

Wir müssen also jemanden näher kennenlernen und bessere Informationen sammeln, um ein gerechteres Urteil abgeben zu können. Die konstanten Eigenschaften eines Menschen bestimmen zwar unser erstes Bild, aber bald nehmen wir Veränderungen wahr (Stimmungen, Emotionen, Motivationen), die dann auch mehr und mehr in den Mittelpunkt unseres Interesses rücken.

Eindruck und Urteil

Wir wollen einige Urteile untersuchen, die wir über andere fällen, und feststellen, welche Informationen ihnen zugrunde liegen. Eine Reihe von Urteilen basiert auf *kon-*

stanten Eigenschaften – Persönlichkeit, Fähigkeiten, Überzeugungen, Haltungen und Gewohnheiten.
Wir bezeichnen diese Eigenschaften als konstant, da wir annehmen, daß sie feste Bestandteile einer Person sind, obwohl sie sich nicht immer offen manifestieren. Wir glauben an die konstanten Eigenschaften erst, nachdem wir einen Menschen in unter-

Es ist leichter, Kontakt mit einem Fremden aufzunehmen, der wenigstens ein Merkmal – hier die Hautfarbe – der eigenen Gruppe aufweist.

schiedlichen Situationen erlebt oder von anderen zuverlässige Informationen erhalten haben.

Interpersonelle Haltungen

Zwischen unserer Haltung gegenüber anwesenden Personen und unserer grundsätzlichen Einstellung zu, sagen wir, Politikern oder Katholiken, besteht ein Unterschied. Wir zeigen oder enthüllen unsere interpersonellen Einstellungen, wenn wir (a) das entsprechende nonverbale Verhalten zeigen (etwa Freundlichkeit oder Dominanz), (b) wenn wir in Gegenwart des anderen gleichbleibend reagieren; aber nur dann (c), wenn unser Verhalten sich nicht einer anderen Ursache zuschreiben läßt (der Persönlichkeit oder einer versteckten Motivation). Jemand lächelt Sie zum Beispiel an, wendet sich Ihnen zu und macht über Sie freundliche Bemerkungen, aber er verhält sich nicht allen Menschen gegenüber so positiv: Dann haben Sie guten Grund zu glauben, ‚er mag mich' – es sei denn, Sie haben gerade im Lotto gewonnen.

Kulturelle Gruppen und soziale Rollen

Unseren Informationen entnehmen wir Fakten, die wir über andere sammeln – entweder im Gespräch mit ihnen, durch andere Personen, die sie kennen, oder durch direkte Beobachtung.

Gefühle und Stimmungen

Für diese wechselhaften Aspekte gibt es im wesentlichen zwei Informationsquellen. Auf Grund verbaler und nonverbaler Signale ziehen wir Schlußfolgerungen; eine wichtige Rolle spielen dabei: Gesicht (Augenbrauen, Augen, Mund), Stimmfärbung, Lautstärke, Stimmlage und Körperbewegungen (besonders der Hände), und natürlich sagen die Menschen manchmal, was sie empfinden. Daneben versuchen wir, die Ursache der Gefühle zu entdecken. Hat jemand gerade im Lotto gewonnen, halten wir ihn für glücklich oder zufrieden, selbst wenn er dies nicht zeigt.
Stimmungen unterscheiden sich in dieser Hinsicht, da die Ursache nicht erkennbar sein oder in Beziehung zum Gespräch stehen muß. Stimmungen lassen sich hauptsächlich am Verhalten ablesen.

Verhalten verrät uns die Stimmung: Hier wird wohl niemand in Tränen ausbrechen.

Motive

Wir vermuten hinter einem bestimmten Verhalten ein Motiv, sobald wir ein solches erkannt zu haben glauben. Manchmal unterstellen wir jemandem, von dem wir wissen, daß er oft seine wahren Absichten verbirgt, ein verstecktes Motiv. In anderen Fällen lassen uns vielleicht Hinweise aus verschiedenen Verhaltensbereichen glauben, jemand habe ein bestimmtes Motiv.

Fehleinschätzungen

Fehlurteile entstehen durch die falsche Einschätzung des Motivs, das einem Verhalten zugrunde liegt. Peter ist z. B. verwirrt, weil sein Freund Stefan im Café kurz angebunden war. Er hält sich für den Grund von Stefans schlechter Laune – aber er hat andere mögliche Gründe übersehen: schlechte Laune ist für Stefan charakteristisch (er hat immer schlechte Laune); er

Impulsive oder nachdrückliche Zeichen der Zuneigung von seiten eines Fremden erwecken Mißtrauen.

Solche Tendenzen können sich sehr früh entwickeln: Schwarze und weiße Kinder spielen bereits in Übereinstimmung mit ihren Stereotypen.

war in schlechter Stimmung (er hatte einen Kater); er war verärgert (sein Chef hat ihn „angemotzt“) usw.

Falsch verstandene Regeln und Rollen
Ein Mensch, der die Regeln einer Situation und die Rollen der Anwesenden nicht richtig einschätzt, kann Verhalten falsch interpretieren. So erwartet man zum Beispiel von bestimmten Berufsgruppen wie Polizisten, Ärzten, Bankdirektoren, Empfangsdamen etc. höflich reserviertes Benehmen – was nicht bedeutet, daß sie unfreundlich sind. Ein freundlicher Fremder erweckt jedoch möglicherweise Verdacht.

Täuschungen und Maskierungen
Selbst die Aufrichtigsten unter uns versuchen manchmal bewußt, andere zu täuschen. In westlichen Kulturen ist es sozial unzulässig, negative Emotionen und Haltungen öffentlich zu zeigen. Deshalb tragen die Menschen gesellschaftlich sanktionierte Masken, und nur ein scharfsinniger Beobachter kann sie durchschauen. Wie gelingt ihm das?
Er beobachtet Gesichtspartien und Körperteile, die die Person *nicht* so gut unter Kontrolle hat. Paul Ekman und Wallace Friesen haben zum Beispiel gezeigt, daß wir unseren Mund gut kontrollieren können, nicht aber Stirn und Augen. Wir verraten unsere wirklichen Gefühle oft durch einen flüchtigen Ausdruck, etwa einer Grimasse, bevor wir uns wieder unter Kontrolle haben. Ein falsches Lächeln läßt sich daran erkennen, daß es zu schnell erscheint und

Verräterische Zeichen: Die junge Frau amüsiert sich, aber etwas sagt ihr, daß sie eigentlich besser nicht lachen sollte.

verschwindet oder daß es um den Mund, nicht aber die Augen spielt.
Gefühle verraten sich auch in der Stimme. Veränderte Lautstärke, Stimmlage oder Tonhöhe und das Heben der Stimme am

Klassische Opfer der Stereotypisierung. Die Nazis sagten: ‚Alle Juden sind gleich.'

Ende der Sätze weisen z. B. auf Furcht hin. Auch die Hände sprechen eine deutliche Sprache: Zusammengepreßte Hände und vor das Gesicht gehaltene Hände signalisieren Angst.

Fehlende oder widersprüchliche Informationen und Hinweise

Wie wir gesehen haben, kann mangelnde Information eine Quelle von Fehlurteilen sein. Experimente zeigen, daß wir Emotionen oder Gefühle besser beurteilen können, wenn wir Motive oder Situationen verstehen. Aber was geschieht, wenn nonverbaler Ausdruck und Situation sich scheinbar widersprechen? Denken wir an den Beobachter einer Hinrichtung, der lächelt – heißt das, er ist glücklich? Die meisten von uns werden versuchen, das Lächeln z. B. damit zu erklären, daß sie annehmen, der Hingerichtete sei ein Feind gewesen oder der Zuschauer habe versucht, seine wahren Gefühle zu verbergen. Wir können auch ambivalente Signale oder Botschaften mit doppeltem Inhalt senden, etwa wenn wir ‚Natürlich liebe ich Dich' in feindseligem Ton sagen. In der Regel sind es die nicht-sprachlichen Signale, die das wahre Gefühl übermitteln, das aber trifft eher auf negative Gefühle zu, da wir oft vorgeben, glücklich oder freundlich zu sein.

Die Wichtigkeit genauer Beobachtung

Untersuchungen haben gezeigt, daß Menschen, die sensible und präzise Beobachter anderer sind, sich oft großer Beliebtheit erfreuen und als Leitbilder akzeptiert werden. Im allgemeinen erkennen Frauen besser als Männer, was andere empfinden – unter anderem deshalb, weil sie intensiver beobachten und mehr an zwischenmenschlichen Beziehungen interessiert sind. Außerdem weiß man inzwischen, daß wir andere richtiger beurteilen, wenn sie uns in Alter, Geschlecht, sozialer Klasse und kulturellem Hintergrund nahestehen. Vermutlich hängt das damit zusammen, daß wir mehr Erfahrungen mit uns ähnlichen Menschen gesammelt haben und relevante Hinweise besitzen, die wir richtig interpretieren. Dies gilt auch für die Fähigkeit, die Rolle eines anderen zu übernehmen, sozusagen in die Fußstapfen eines anderen zu

treten. Ist Jörg in der Lage, sich in Stefans Lage zu versetzen, kann er besser vorhersagen, was Stefan tun wird, und entsprechend handeln.
Die falsche Beurteilung anderer kann zu Mißverständnissen und zum Abbruch von Beziehungen auf allen Ebenen führen – Freundschaft, Ehe und Familie, geschäftliche und berufliche Beziehungen und auf einer anderen Ebene zwischen Gruppen. Wie kommt es zu diesen Fehlurteilen?

Stereotypen und persönliche Ansichten

Wir haben bereits festgestellt, daß unsere eigenen ‚Persönlichkeitstheorien' oft falsch sind. Manche Fehlurteile können sehr ernsthafte, ja sogar tragische Konsequenzen haben – von den Ansichten der Nazis über die Juden bis hin zur Selbstmörderin, die glaubt, daß niemand sie gern hat.

Fehler bei der Entdeckung und Identifikation von Anhaltspunkten

Wenn wir subtile nonverbale Hinweise, die andere über ihren emotionalen Zustand und ihre Einstellung geben, nicht bemerken, kommen wir leicht zu Fehleinschätzungen. So können zum Beispiel Höflichkeit oder Freundlichkeit fälschlich für sexuelles Interesse gehalten werden oder Traurigkeit für Feindseligkeit.

Der Pantomime arbeitet mit bewußter Übertreibung nonverbaler Hinweise, die deutlich zum Ausdruck bringen, was wir tun und fühlen.

Entstellende Interpretation der Handlungen anderer

Unsere Stimmungen, Einstellungen und Ziele können eine große Wirkung auf unsere Interpretation der Handlungen anderer ausüben. S. Feshbach und R. D. Singer haben festgestellt, daß Testpersonen, die durch Elektroschocks in einen Angstzustand versetzt wurden, Fotos von Gesichtern als bedrohlich und aggressiv empfanden. Wir neigen dazu, unsere Umgebung durch die Brille unserer Stimmungen zu sehen. Haben wir Angst, fühlen wir uns von den Dingen bedroht; sind wir zornig, provozieren oder belästigen sie uns; in depressiver Stimmung führen wir die Handlungen anderer auf unsere Schwäche zurück, sind wir dagegen in Hochstimmung und voll Selbstvertrauen, so sehen wir die Ereignisse gern im Licht unserer Fähigkeiten.

Auch die Sympathie färbt unsere Interpretationen. Ist uns jemand sympathisch, neigen wir dazu, ihm alle möglichen guten Eigenschaften zuzuschreiben und interpretieren sein Tun entsprechend positiv. Lehnen wir jemanden ab, können wir nichts Gutes an ihm finden.

Auch Ziele und Motivationen haben einen ähnlichen Einfluß. Schneiden wir zum Beispiel schlecht in einer Prüfung ab, so schreiben wir dies vielleicht dem unzulänglichen Unterricht oder einer unfairen Prüfungsaufgabe zu und weniger eigener Trägheit oder fehlendem Können. Da wir die Ursache unseres Versagens anderen zuschreiben, vermeiden wir den Verlust von Selbstbewußtsein, der das Gefühl, versagt zu haben (nach einer schlechten Prüfung), nach sich ziehen würde. Wenn wir uns mit jemandem unterhalten, der sich in unserer Gesellschaft unwohl fühlt, dann können wir das Gefühl der Unerwünschtheit ebenfalls vermeiden, indem wir sein Verhalten einem anderen Grund zuschreiben, etwa seiner Schüchternheit. Wenn uns andererseits ein attraktiver Fremder anlächelt, interpretieren wir das Lächeln als Zuneigung und ziehen andere Gründe nicht in Betracht, denn das Lächeln ist für uns positiv.

4. Das Analysieren von Gesprächen

In der Schule lernen wir Vokabeln, Grammatik und andere Aspekte der geschriebenen Sprache. Die Kunst des Gesprächs lernen wir zu Hause, auf dem Spielplatz, auf der Straße und in alltäglichen Begegnungen. Allmählich begreifen wir, wie wir Worte zusammenfügen, wie wir Gesten, Bewegungen, Gesichtsausdruck und Aussprache benutzen müssen, um zu betonen, zu unterstreichen, zu erklären. Wir werden vertraut mit den zahllosen Arten des Gesprächs, die sich für unterschiedliche Situationen eignen: zu Hause, bei Freunden, bei der Arbeit, beim Einkauf, auf Partys usw. Eine Untersuchung, die in einer Kleinstadt in Kansas durchgeführt wurde, ergab, daß die Bewohner im Durchschnitt wußten, wie sie sich in nicht weniger als achthundert verschiedenen Situationen zu verhalten hatten, von denen jede – je nach Aufgabe und Zielsetzung – eine eigene Art des Gesprächs erforderte.

Die Regeln des Gesprächs

Stellen wir uns vor, Jörg erzählt Marion von seinem Tag im Büro. Sein Bericht besteht aus einer Reihe von Bemerkungen oder Äußerungen. Dabei handelt es sich um eine Folge gesprochener Worte, vor der und nach der der Sprechende schweigt. Handelt es sich um eine lange Äußerung, spricht Jörg wahrscheinlich nicht nur über ein Thema. Er kann z. B. eine Frage beantworten und dann eine Frage stellen, wobei zwei Verhaltenselemente ins Spiel kommen. Auf diese Weise wird er verschiedene Dinge sagen und eine komplexe Äußerung aufbauen. Gleichzeitig sendet er eine Vielzahl nonverbaler Signale: Tonfall, wechselnder Gesichtsausdruck und Gesten unterstreichen die Bedeutung der Äußerung und geben Aufschluß darüber, wann sie zu Ende ist. Ohne diese zusätzlichen Signale bleiben viele Aussagen mehrdeutig oder sinnlos.

Zu einer Unterhaltung gehören mindestens zwei, aber immer muß sich jeder Gesprächsteilnehmer auf den (die) anderen einstellen, damit nicht alle gleichzeitig sprechen oder schweigen. Dies ist eine Grundregel. Die Äußerungen von Jörg und Ma-

Auch große Unterschiede müssen ein Gespräch nicht beeinträchtigen, wenn die Beteiligten die Regeln beachten.

Ein Gespräch verlangt, daß die Teilnehmer sich aufeinander einstellen.

rion sollten ohne zu viele Pausen und Überschneidungen aufeinanderfolgen. Kommt es zu längeren Pausen oder fallen sich beide gegenseitig immer wieder ins Wort, so herrscht zwischen ihnen vermutlich ein Konflikt.

Pausen von ein bis zwei Sekunden sind normal, auch kurze Einwürfe, mit denen jemand signalisiert, daß er sprechen möchte. Der Zuhörer kann mit einer Bemerkung, die nicht darauf abzielt, die Rede des anderen zu unterbrechen („interessant"), dem Sprechenden helfen, einen Satz zu beenden. Es gibt auch Menschen, die lange, gemütliche Pausen lieben und Einwürfe hassen, die sie nervös machen.

Andere lieben temperamentvolle, hitzige Gespräche und lassen sich von Zwischenrufen nicht stören. Personen mit unterschiedlichem Temperament, die normalerweise unterschiedlich schnell sprechen, müssen recht große Anstrengungen unternehmen, um sich auf den anderen einzustellen, d. h. sie müssen kompromißbereit sein oder feststellen, daß sie einfach nicht zusammenpassen.

Man gibt nicht verbal zu erkennen, wann der andere sprechen soll („ich bin fertig – du bist an der Reihe"), sondern bedient sich hauptsächlich nonverbaler Hinweise.

Wer aufhören will zu sprechen, läßt die Hände ruhen, senkt bei den letzten zwei oder drei Worten die Stimme und wirft einen langen Blick auf den anderen. Jemand, der sprechen möchte, nickt mehrmals schnell mit dem Kopf und zeigt durch andere Zeichen seine Ungeduld. Wer weitersprechen will, vermeidet es, am Ende der Sätze aufzublicken und läßt eine Geste unbeendet.

Es entsteht oft ein Wettstreit um die Rednerposition. Jörg unterbricht Marion, und sie kontert, indem sie lauter spricht. Jörg tut vielleicht das gleiche, und Marion versucht, noch lauter zu sprechen. Die beiden finden schließlich einen Rhythmus, das heißt, jeder spricht eine bestimmte Zeitspanne. Das wiederum hängt davon ab, wie die ersten Rededuelle entschieden wurden. Hat sich dieser Rhythmus zwischen zwei Menschen erst einmal eingependelt und stabilisiert, kann er lange anhalten – vielleicht Monate oder Jahre.

Wir passen uns im Gespräch auf viele Weisen einander an. Ein Zuhörer reagiert zum Beispiel auf den Inhalt des Gesagten, indem er bei traurigen Dingen mitfühlend blickt, bei fröhlichen lächelt usw. Es stellt sich auch geradezu ein ‚Tanz der Gesten' ein, ein synchrones Vor- und Zurückbeugen und ein Adaptieren der Gesten des anderen.

Was sagen wir im Gespräch?

Im Gespräch treffen wir nicht wahllos Feststellungen. Wir folgen bestimmten Regeln, die sich in etwa mit den Regeln der Grammatik vergleichen lassen.

Die Regeln der Gesprächsführung werden als bekannt vorausgesetzt. Wir werden uns ihrer nur dann bewußt, wenn jemand sie verletzt. Sehen wir uns die folgenden Beispiele an:

Marion: Wie war es heute im Büro?
Jörg: Wie geht es Deiner Mutter?
Marion: Ja.
Oder:
Marion: Guten Morgen, Jörg. Wie fühlst Du Dich?
Jörg: Nein, sie sind in der Küche.

Offensichtlich stimmt hier etwas nicht. Wir können uns um eine Erklärung bemühen, indem wir versuchen festzustellen, ob die Beziehung der beiden gestört ist; wir vermuten vielleicht, sie spielten ein uns unbekanntes Spiel, oder einer von beiden sei psychisch gestört. Etwas wird auf jeden Fall deutlich: Da gewisse Regeln mißachtet werden, müssen sie bestehen. Auf Fragen folgen stets Antworten; aber es gibt verschiedene Arten von Fragen und verschiedene Arten von Antworten. Bitten wir jemanden um Rat, so erwarten wir, einen Rat zu erhalten. Auf eine Aufforderung zum Handeln erwarten wir die Tat oder eine Weigerung. Robert Bales untersuchte das Gesprächsverhalten von Testgruppen und beobachtete eine erstaunliche Regelmäßigkeit der Reaktionen. Bat zum Beispiel jemand in der Gruppe um eine Information, so fand sich beinahe immer eine Person, die sie gab. Machte ein Gruppenmitglied einen Spaß und lachte, stimmte stets jemand in das Lachen ein.

Je mehr wir über diese feststehenden Muster oder Regeln herausfinden, desto wirkungsvoller können wir Personen helfen, denen es schwerfällt, sich zu unterhalten. Sozialwissenschaftler bemühen sich deshalb um detailliertere Ergebnisse. Man kann Computer programmieren, die miteinander oder mit einem Menschen ‚sprechen' können. Ein solches Programm mit dem Namen ELIZA wurde vor etwa zehn Jahren am Massachusetts Institute of Technology in den USA entwickelt.

Es folgt die Aufzeichnung eines Gesprächs zwischen einer Frau und ELIZA, der in Großbuchstaben ‚spricht':

Männer sind alle gleich.

INWIEFERN?

Sie wollen immer, daß wir irgend etwas tun.

KÖNNEN SIE EIN BEISPIEL NENNEN?

Mein Freund hat mich dazu überredet, hierher zu kommen.

IHR FREUND HAT SIE DAZU GEBRACHT HIERHERZUKOMMEN?

Er sagt, ich sei immer so depressiv.

ES TUT MIR LEID, DASS SIE DEPRESSIV SIND.

Ja, es stimmt, ich bin nicht glücklich.

GLAUBEN SIE, WENIGER UNGLÜCKLICH ZU SEIN, WENN SIE HIERHERKOMMEN?

Ich brauche Hilfe, das steht fest.

WAS WÄRE IN IHREN AUGEN HILFE?

Vielleicht könnte ich lernen, mit meiner Mutter auszukommen.

ERZÄHLEN SIE MIR MEHR ÜBER IHRE FAMILIE.

Meine Mutter kümmert sich um mich.

WER SONST IN DER FAMILIE KÜMMERT SICH UM SIE?

Mein Vater.

IHR VATER ...

WELCHE ÄHNLICHKEITEN SEHEN SIE?

Sie sind nicht aggressiv. Aber ich glaube, Sie wollen nicht, daß ich es weiß.

WAS LÄSST SIE VERMUTEN, ICH SEI NICHT AGGRESSIV?

Sie streiten nicht mit mir.

WARUM STREITE ICH IHRER MEINUNG NACH NICHT MIT IHNEN?

Sie fürchten sich vor mir.

GEFÄLLT IHNEN DER GEDANKE, DASS ICH MICH VOR IHNEN FÜRCHTE?

Mein Vater fürchtet sich vor allen Menschen.

WAS FÄLLT IHNEN NOCH EIN, WENN SIE AN IHREN VATER DENKEN?

Tyrannen.

HAT DAS ETWAS DAMIT ZU TUN, DASS IHR FREUND SIE ÜBERREDET HAT HIERHERZUKOMMEN?

Dieser Dialog ähnelt dem Gespräch mit einem Psychiater, selbst wenn er umständlich auf einem Monitor erscheint. Er zeigt, wie das Befolgen einfacher Regeln ein Gespräch in Gang halten kann, selbst wenn einer der Gesprächspartner eine Maschine ist, die die Bedeutung der Aussagen nicht versteht. Aber die beiden fingierten Gespräche, die wir oben zitiert haben, brechen ab (oder kommen nicht richtig in Gang), weil die Gesprächspartner die Regeln mißachten.

Wir vermuten, daß der Durchschnittsmensch etwas ähnliches wie ein sehr kompliziertes Computerprogramm oder ein Buch mit Regeln gelernt und gespeichert hat, das ihm sagt, wie er sich in konventionellen Gesprächen zu verhalten hat. Wir lernen zu ‚lesen', was in dem geistigen Buch der Regeln ‚geschrieben' steht.

Strenge Etikette ist aus unserem Alltag weitgehend verschwunden, aber bei Begrüßung und Abschied halten wir uns noch immer an festgelegte Regeln.

Bei bestimmten religiösen Anlässen wie Hochzeiten, Beerdigungen, Gottesdiensten usw. steht uns tatsächlich ein Regelbuch in Form des Gebetbuchs zur Verfügung, das durch die Anweisungen des Priesters ergänzt wird. Auch für andere soziale Anlässe, wie das Erscheinen vor Gericht (Anrede für den Richter), Tagungen (Anrede für den Vorsitzenden), kennen wir fest umrissene Regeln und Ausdrucksformen,

die allerdings nicht immer schriftlich fixiert sind. Wer die Regeln verletzt, kann wegen Mißachtung des Gerichts bestraft oder von der Tagung ausgeschlossen werden.
Die Regeln der zwanglosen Gespräche im Restaurant, im Freundeskreis oder im Laden an der Ecke sind nicht so offensichtlich. Viktorianische Damen besaßen Anstandsbücher, die ihnen sagten, wie sie sich in jeder denkbaren Situation richtig zu benehmen hatten (Unterhaltungen mit sozial Höher- oder Tieferstehenden, Heiratsantrag, Anweisungen für Dienstboten etc.).
Die Regeln der Etikette sind mit den Viktorianern nicht völlig ausgestorben. Einige haben sich bis heute gehalten, obwohl man nicht länger von Etikette spricht und sie auch nicht mehr soviel Aufwand erfordern. Begrüßung, Abschied und Entschuldigung sind dafür drei Beispiele.
Erving Goffman beschreibt die Begrüßung aus zwei Gründen als ein Ritual: Es wird dabei nichts *gesagt*, und doch ist sie der symbolische Beginn eines Gesprächs, wie etwa die Hochzeit den Beginn einer Ehe symbolisiert. – Die Teilnehmer wissen ge-

Das ‚Handschlag-Ritual' bei der Begrüßung beginnt. Jeder Teilnehmer weiß genau, was er zu tun hat.

nau, was sie zu tun haben. Das folgende Beispiel einer Begrüßung ist einer Untersuchung von Adam Kendon entnommen: Man filmte die Gäste einer Gartenparty (amerikanische Professoren und Universitätsangestellte), als sie den langen Weg durch den Garten kamen und vom Gastgeber begrüßt wurden.

Begrüßung aus der Entfernung

Sobald der Gast den Gastgeber aus einiger Entfernung erblickt, hebt er den Arm und winkt mit geöffneter Hand. Er ‚signalisiert' das Erkennen mit den Augenbrauen (schnelles Heben und Senken), durch Lächeln, manchmal hebt er den Kopf und ruft eine kurze Begrüßungsformel (‚Hallo').

Annäherung

Wenn der Gast in die Nähe des Gastgebers kommt, unterbricht er die Kommunikation für einen kurzen Moment, d. h. er senkt den Kopf, blickt zur Seite, bringt einen Arm vor den Oberkörper, richtet die Krawatte oder fährt sich durch die Haare. Dies sind Vorbereitungen für die ‚Nahphase'.

Nahphase

Tritt der Gast vor den Gastgeber, blickt er auf, lächelt, streckt die Hand aus und sagt etwa „Guten Tag ..."; er hält etwa 70 cm bis 35 cm Abstand, nimmt eine bequeme Haltung ein und fragt (oder wird gefragt): „Wie gehts?" Die Begrüßung ist jetzt mehr oder weniger vorüber. Ohne Worte sind Gast und Gastgeber übereingekommen, kurz miteinander zu plaudern.
Bitten, Entschuldigungen und Abschiede sind weitere Rituale der Höflichkeit.

Das spontane Gespräch

Michael und Stefan sind Bekannte, die sich zufällig in ihrem Stammlokal treffen. Ehe sie ein Gespräch beginnen, mustert jeder den anderen mit prüfendem Blick. Ist er guter Laune? Ist er zu einem Gespräch bereit? Sie stellen diese Fragen nicht, und die Begrüßung beantwortet sie. Wenn Michael mit einem Lächeln und der Frage: „Wie geht's?" auf Stefans Begrüßung reagiert, bedeutet das, sie sind sich einig; sie sind zu der stillschweigenden Übereinkunft gekommen, miteinander zu plaudern.
Plaudern ist etwas besonderes. Es ist *nicht* Befragen, Kaufen oder Verkaufen, Handeln, Unterrichten etc., obwohl wir nicht ausschließen wollen, daß diese Aspekte eine untergeordnete Rolle spielen können. Plaudern ist die spontanste Form des Gesprächs.
Trotz Spontaneität sind durch nonverbale Signale Entscheidungen gefällt und Übereinkünfte getroffen worden, ehe das Gespräch begonnen hat. Michael und Stefan wissen in Grundzügen, wie sie sich verhalten werden. Der Austausch von Signalen findet nicht nur während der Begrüßung statt, sondern auch während der ersten Bemerkungen. Vielleicht fragt Michael gleich zu Anfang, was Stefan in der letzten Zeit getan hat. Wenn Stefan adäquat antwortet, haben die beiden Freunde die Situation geschaffen, oder wie der Psychologe sagt, ‚den Dialog ausgehandelt'. In formellen Situationen wie Konferenzen etc. läßt sich dieser Vorgang deutlicher beobachten, etwa wenn der Vorsitzende einen Teilnehmer fragt: „Wollen wir jetzt über Ihren Vorschlag sprechen?"

So müssen zwei Personen in der Definition der Situation übereinstimmen und bereit sein, sozial festgelegte Rollen darin zu spielen. In den sechziger Jahren entwickelten junge Leute einen Stil, der als *,put-on'* bekannt ist. Dazu gehört die Weigerung, die angemessene Rolle zu übernehmen, indem man bewußt ,unpassende' Antworten gibt. So wird ein vernünftiges Gespräch verhindert. Hier ein Beispiel aus einem *Playboy*-Interview mit Bob Dylan:

PLAYBOY: Wie kommen Sie zur Zeit zu Ihren *Kicks?*

DYLAN: Ich miete mir Leute, die mir in die Augen sehen, und dann lasse ich mich von ihnen kicken.

PLAYBOY: Und auf diese Weise bekommen Sie Ihre *Kicks?*

DYLAN: Nein, dann verzeihe ich ihnen. So komme ich zu meinen *Kicks*.

PLAYBOY: Hatten Sie je den klassischen Jungentraum, erwachsen und Präsident zu werden?

DYLAN: Nein, als ich Junge war, war Harry Truman Präsident. Wer möchte schon Harry Truman sein?

PLAYBOY: Nehmen wir an, Sie wären Präsident. Was würden Sie während der ersten tausend Tage Ihrer Amtszeit tun?

DYLAN: Also gut, wenn Sie darauf bestehen. Meine erste Tat wäre wahrscheinlich, mit dem Weißen Haus umzuziehen. Es stünde auf der East Side in New York und nicht mehr in Texas. McGeorge Bundy müßte ganz bestimmt seinen Namen ändern, und General McNamara wäre gezwungen, eine Waschbärmütze und einen Schirm zu tragen.

Ein Gespräch zwischen den Freunden Michael und Stefan verläuft unkomplizierter. Michael berichtet von seinen letzten gesellschaftlichen Aktivitäten, und Stefan antwortet (anders als Dylan) mit ähnlichen Erlebnissen. Dann macht Stefan vielleicht einen Witz oder erzählt eine lustige Geschichte über einen gemeinsamen Bekannten. Michael lacht und wird seinerseits einen Witz zum besten geben oder eine ähnlich komische Anekdote erzählen. Um das Thema zu wechseln, werden Stefan und Michael dann von ihrem Urlaub sprechen, über Probleme mit den Kindern, voll Stolz über selbstgezogenes Gemüse oder Erfolge beim Angeln berichten, wobei jeder ein Erlebnis gegen ein ähnliches ,eintauscht'. Dies ist eine einfache Zwei-Schritt-Sequenz: Auf einen Schritt von Michael folgt ein Schritt von Stefan, was wiederum zu einem Schritt von Michael führt – eine endlose Interaktionskette ist möglich. Wol-

Der Abschied: Handschlag und abgewendeter Körper.

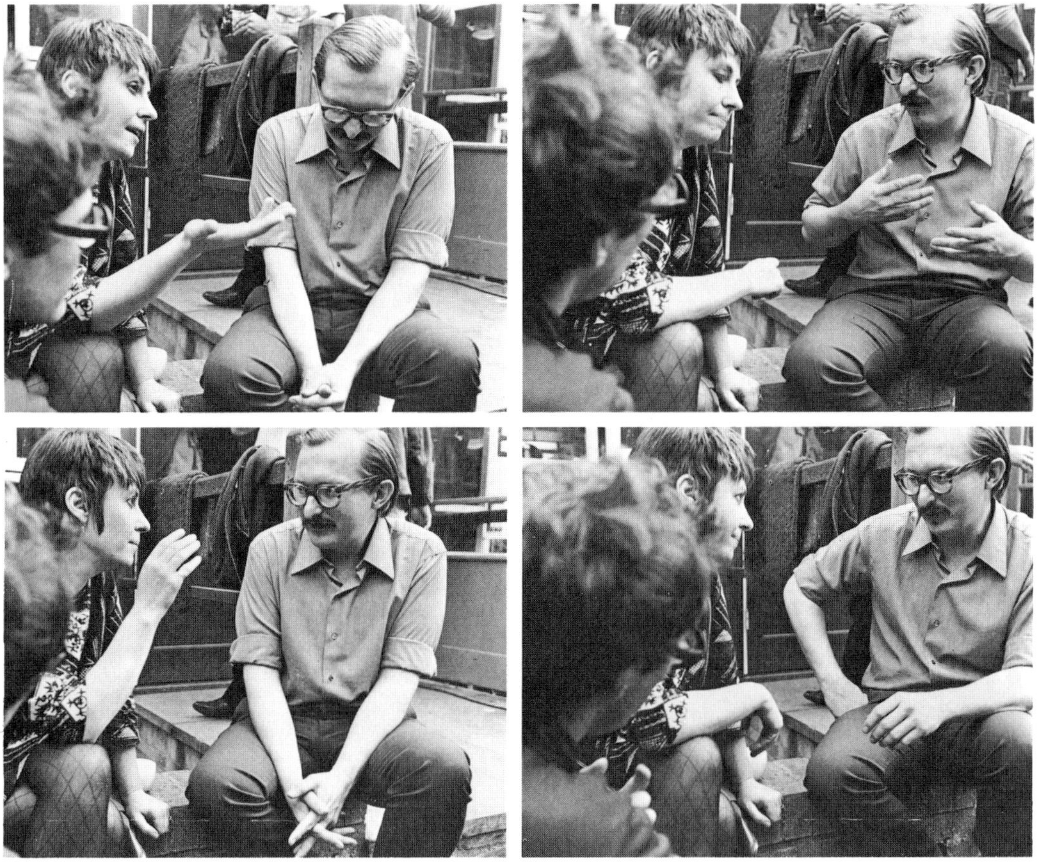

Schritt für Schritt: Achten Sie auf die Hinweise, die jeder dem anderen gibt, um seine Bereitschaft zum Zuhören oder zum Sprechen zu zeigen.

len die beiden das Gespräch schießlich beenden, sagen sie nicht: „Wollen wir jetzt aufhören?" – „Ja", sondern sie benutzen eine andere, vertraute und höchst stereotypisierte soziale Routine: den Abschied.
Auch beim Plaudern gelten bestimmte Regeln: Wir müssen die Situation definieren, uns einigen und uns bereiterklären, sie eine bestimmte Zeitspanne aufrechtzuerhalten. Andere Regeln bestimmen unsere Antworten bzw. Reaktionen in der Situation. So sollten wir Fragen stellen, beim gewählten Thema bleiben usw.
Ein Gespräch setzt sich normalerweise aus einer Reihe klar umrissener Phasen oder ‚Episoden' zusammen. Dazu gehören: Begrüßung, Abhandeln verschiedener Themen und Abschied. Bei formelleren Anlässen wie Gottesdiensten, Abendgesellschaften und Sitzungen kann diese Gliederung

relativ deutlich werden. Eine Reihe verschiedener Episoden wird entweder verbal („Erzählen Sie mir etwas über Ihre letzte Arbeit“) oder nonverbal (der Gesprächspartner erhebt sich) in einer geplanten Abfolge eingeleitet.

Das Verkaufsgespräch

In vielen uns vertrauten Situationen hat ein Teilnehmer den Gesprächsverlauf geplant, während der andere unvorbereitet ist. Man denke an das Gespräch des Verkäufers mit einem potentiellen Kunden, eines Casanova mit einem naiven Mädchen, eines Psychotherapeuten mit seinem Patienten und, formeller, eines Vorsitzenden mit den Konferenzteilnehmern. Der Gesprächsplaner hat ein Motiv und verfolgt ein Ziel. Er will etwas verkaufen, er will verführen, heilen oder eine Entscheidung herbeiführen.
Betrachten wir ein Beispiel in verschiedenen Einzelheiten: ein Versicherungsvertreter bei der Arbeit. (Im allgemeinen ist der Vertreter einer Lebensversicherung auf das Verkaufsgespräch sehr gut vorbereitet).

Die Situation herstellen

Wir haben bereits darauf hingewiesen, daß Gesprächspartner sich durch subtile Hinweise über eine Situation einigen, in der eine bestimmte Art der Interaktion stattfinden kann. Herr X tut das in seinem Versuch, eine Kauf-Verkaufssituation herzustellen. Er führt ein ‚sanftes‘ Verkaufsgespräch, das Zustimmungstechniken impliziert, und er versucht, den potentiellen Kunden dazu zu bringen, die Situation zu akzeptieren. Stimmt der Kunde Herrn X in dessen Definition der Situation erst einmal zu, dann hat Herr X sein Ziel bereits halb erreicht. Ähnlich verhält sich ein Psychotherapeut seinem Patienten gegenüber, d.h. er versucht, ihm zu helfen, die Dinge anders zu sehen.

Taktiken

Beim spontanen Gespräch führt eine Bemerkung zur anderen, da die Beteiligten auf die jeweils letzten Worte des Sprechenden reagieren. Für den Versicherungsvertreter genügt das nicht, denn er spielt ein komplizierteres Spiel. Es läßt sich eher mit Schach vergleichen: Seine ‚Züge‘ sind sorgsam geplant.
Der unvorbereitete Kunde besitzt keinen Plan. Er reagiert auf die Vorstöße des Herrn X. Herr X geht nach seinem Plan vor und achtet auf die jeweilige Reaktion des Kunden. Er wird alle Einwände ausräumen und möglichst direkt wieder zu dem Punkt zurückkehren, an dem er unterbrochen wurde.
Eine Klassenzimmersituation z.B. unterscheidet sich davon, da hier eindeutig eine Person die Führung hat. Ned Flanders, ein Erziehungspsychologe, stellte fest, daß sich bei guten Lehrern während des Unterrichts bestimmte Verhaltenszyklen beobachten lassen. Ein Zyklus kann so aussehen:

Lehrer: Trägt Unterrichtsstoff vor, stellt eine Frage.
Schüler: Antworten.
Lehrer: Erweitert und präzisiert die Antworten der Schüler, stellt diesbezügliche Fragen.
Schüler: Reagieren mit längeren Antworten, entwickeln Gedankengänge.

Der Lehrer wechselt geschickt seine Taktik, um die Schüler zu motivieren und zu interessieren. Vermutlich greift er unbewußt zu zwei bekannten psychologischen

Prinzipien: *Verstärkung*, d.h. er belohnt die Schüler durch Zustimmung und entwikkelt ihre Gedankengänge weiter, und *Austausch*, d.h. auch er wird belohnt, da die Schüler Gedanken entwickeln und Fragen stellen.

‚Zwei-Weg'-Gespräche

In Diskussionen, Verhandlungen und Sitzungen haben die Teilnehmer einen Plan. Man stelle sich vor, auch der Kunde verfolge ein Ziel, wenn er sich mit dem Vertreter trifft. Vielleicht versucht er, das bestmögliche Angebot zu erreichen, vielleicht möchte er Herrn X höflich aber entschlossen absagen oder Herrn X für seine Verkaufstricks eine Lektion erteilen. Oder man denke an den Casanova, der eine Frau verführen möchte, die sich vorgenommen hat, ihn zu demütigen. Die Folge von Schritten und Reaktionen wird dann eine andere sein.
Haben beide Teilnehmer unterschiedliche Pläne, so kann es zu einer Auseinandersetzung kommen, die damit endet, daß einer gewinnt, oder daß die Situation zusammenbricht. Andererseits können sich die Teilnehmer aber auch auf einen gemeinsamen Plan einigen. Dies ist selbst dann möglich, wenn sie miteinander konkurrieren – vorausgesetzt, sie halten sich an die Regeln.

Körper und Stimme im Gespräch

Beim Sprechen richten wir unsere Aufmerksamkeit auf die Worte. Normalerweise achten wir kaum darauf, was wir mit unserem Körper tun oder wie unsere Stimme klingt. Neuere Untersuchungen haben gezeigt, daß die nonverbale Kommunikation für das Gespräch nicht nur wesentlich ist, sondern entscheidend zu seiner Farbigkeit beiträgt. Man denke an die sprechenden Roboter in den Science Fiction-Filmen. Die eigenartige und merkwürdig unmenschliche Wirkung entsteht nicht nur durch das, was sie sagen, sondern auch durch die Art und Weise, wie sie es sagen – stumpfe, monotone Stimmen, keine Mimik, keine Gesten usw.

Dem Gesagten Sinn geben

Worte allein ergeben manchmal noch keinen Sinn. Deshalb benutzen wir nonverbale Methoden, um unsere Botschaften zu übermitteln. Wenn Worte versagen, helfen Gesten oft weiter.
Betonungen sind wichtige Elemente bei der Übermittlung einer Botschaft. Geschriebene Worte ohne Interpunktion lassen sich schlecht lesen, wie jeder weiß, der *Ulysses* von James Joyce kennt. Auch monotonem Sprechen kann man schlecht folgen. Ein System nonverbaler Signale trägt entscheidend zur Verständlichkeit bei: Eine kurze Pause steht für ein Komma, eine längere für einen Punkt; Heben der Stimme und hochgezogene Augenbrauen für ein Fragezeichen. Wir begleiten Worte und Sätze mit Bewegungen der Gesichtszüge, der Augen und der Hände, mit Kopf- oder Armbewegungen oder mit Verlagerungen des ganzen Körpers. Durch Lautstärke und Betonung unterstreichen wir Sätze und geben ihnen Bedeutung.

Wir haben unsere Aussage nonverbal und verbal beendet und kommentieren sie jetzt, um unsere Absichten zu verdeutlichen. Wir geben uns ernsthaft, sarkastisch oder fröhlich. Ein Augenzwinkern oder ein Lächeln, das einer Beschwerde folgt, verändert ihre Bedeutung.

Die Kunst des Zuhörens

Ein ehemaliger britischer Premierminister sagte: „Wir müssen nicht nur regieren, man muß sehen, wie wir regieren". Das gilt auch für das Zuhören. Der gute Zuhörer sitzt nicht einfach bewegungslos da und nimmt alles in sich auf, sondern sorgt für einen konstanten Fluß meist nonverbaler *Aufmerksamkeitssignale.* Unterläßt er das, so glaubt der Sprecher, er höre überhaupt nicht zu und wird vermutlich nicht weiterreden. Zu den Signalen, die Aufmerksamkeit suggerieren, zählen: gespannte Körperhaltung, häufiger Blickkontakt, wiederholtes Nicken, Lächeln, verschiedene Lautäußerungen und Kommentare wie „hmm", „ja", „wirklich", „was Sie nicht sagen", etc. Der gute Zuhörer läßt den Sprecher wissen, was er über das Gesagte denkt. Er wird am Ende eines Satzes lächeln oder die Stirn runzeln, um zu zeigen, ob er ihm zustimmt oder das Gesagte mißbilligt. Er hebt die Augenbrauen vor Überraschung, er nickt oder schüttelt den Kopf, um Zustimmung oder Ablehnung auszudrücken.

5. Personen und Situationen

Obwohl es selbstverständlich ist, daß wir uns auf Partys, bei Beerdigungen, Fußballspielen oder geschäftlichen Besprechungen unterschiedlich verhalten, genügt es nicht, dies nur festzustellen. Wir müssen eine Situation beschreiben und klassifizieren, um sagen zu können, was unsere charakteristischen Verhaltensweisen hervorruft.

Wir können soziale Aktivitäten besser unterscheiden, wenn wir sie nach folgenden Kategorien ordnen:

formell	–	zwanglos
Arbeit	–	Geselligkeit
freundlich	–	unfreundlich
gleicher Status	–	ungleicher Status

Legt man abstrakte Kriterien an und läßt den Zweck der Situation außer acht, so zeigen sich überraschende Zusammenhänge. So beschreibt Joe Forgas, daß Studenten eine Hochzeit und eine Vorlesung auf die gleiche Stufe stellten, obwohl das geforderte Verhalten sich offensichtlich gravierend unterscheidet.
Ist aber der Zweck einer Situation unser Maßstab, treten andere Unterschiede und Ähnlichkeiten in den Vordergrund. Standardsituationen einer Kultur, mit denen wir vertraut sind, wie Mahlzeiten, Seminare und Hochzeiten, besitzen eine unverwechselbare Struktur, die anderen Regeln unterliegt als jene, die Fußball, Eishockey und Tischtennis zu unterschiedlichen Spielen macht. Wir können soziale Situationen in folgende Komponenten gliedern:

Verhaltenselemente

Zu den angemessenen sozialen Aktivitäten eines Studienseminars gehören: lange Reden, schwierige Fragen, Vorführen von Dias und Demonstrationen an der Wandtafel. In den meisten anderen Situationen wären sie völlig fehl am Platz. Bei Mahlzeiten, Tanzveranstaltungen und Rendezvous ist Plaudern angebrachter. Wie jedes Spiel besondere Verlaufsformen hat, so besitzt jede Situation ein Repertoire angemessener Verhaltensweisen.

Motivation

Jede Situation, jede Aufgabe entspricht einem besonderen Bedürfnis. Manchmal wird den mehr oder weniger ähnlichen Bedürfnissen aller Anwesenden Rechnung getragen, etwa bei Begegnungen von Mann und Frau oder zweier Freunde. Zu anderen

Eine Gartenparty dient auf halbformeller Ebene verschiedenen Zielen. Sie ruft bei den Gästen eine bestimmte Art des Verhaltens hervor.

Zeiten sind die Bedürfnisse unterschiedlich aber komplementär, wie beim Kaufen und Verkaufen, beim Unterrichten und Lernen. Manchmal wird auch ein ganzes Spektrum von Motivationen angesprochen. Zu einem Abendessen gehören das Essen, Selbstdarstellung, freundschaftliche Beziehung und das Zusammensein mit Angehörigen des gleichen und des anderen Geschlechts.

Rollen und Regeln

Jede Situation hat ihre eigene soziale Struktur. Ein Seminar erfordert einen Redner, einen Gesprächsleiter sowie Zuhörer. Zum Verkaufen gehören Verkäufer und Kunde. Zu jeder Rolle gehören Pflichten und ein bestimmtes soziales Verhalten. Übertritt man die Regeln, die einer Situation oder einer Rolle unterliegen, kommt die Interaktion zum Stillstand. Dies ist nicht nur

Falsche Kleidung kann provozieren, wenn alle anderen sich an die Regeln halten.

eine Sache höflichen Verhaltens. Bewegt jemand seine Schachfiguren, als spiele er Dame, oder versucht er, mit einem Fußball Kricket zu spielen, so kommt das Spiel zum Stillstand. Etwas Ähnliches geschieht, wenn die Regeln einer sozialen Situation übertreten werden: Wenn z.B. ein Interviewter versucht, die Fragen zu stellen, ein Essensgast sich weigert zu essen, oder die Zuhörer eines Seminars unaufmerksam sind. Verstößt man gegen Regeln der allgemeinen Selbstdarstellung, trägt man z.B. unpassende Kleidung, so kann dies Unbehagen und Verärgerung hervorrufen, muß aber nicht bedeuten, daß die Hauptziele der Situation nicht erreicht werden.

Umgebung

Die meisten Situationen verlangen eine besondere Umgebung. Seminare erfordern einen großen Raum mit Stühlen, die in einer bestimmten Weise angeordnet sind, einen Tisch, eine Schiefertafel, einen Projektor. Für eine Party wird man einen völlig anderen Raum wählen, andere Beleuchtung, anderes Mobiliar, und außerdem wird man für Speisen und Getränke sorgen.

Umweltpsychologen beschäftigen sich hauptsächlich mit den physischen Aspekten von Situationen. Sie interessieren sich für Fakten; sie beobachten den Abstand, den die Menschen einhalten, und auf welche Weise die Anzahl der Personen in einem Raum ihr Verhalten beeinflußt. Zum Beispiel führt geringerer Abstand zu Intimität, sogar zwischen Fremden, obwohl überfüllte Räume auch Aggressionen hervorrufen können. Man hat beobachtet, daß Kinder auf zu kleinen Spielplätzen häufiger miteinander streiten. Die Raumtemperatur ist wichtig. Ein Experiment ergab, daß sich Personen sympathischer finden, wenn sie in einem Zimmer mit angenehmer Temperatur zusammentreffen, und nicht in einem überhitzten Raum. Es ist allgemein bekannt, daß Gewalttaten häufiger während Hitzeperioden auftreten.

Die visuellen Aspekte einer Situation sind wichtig. Eine Person, die mehr sieht als eine andere, oder sich in günstigeren Lichtverhältnissen befindet, fühlt sich wohler. Deshalb stellen Interviewer oder Direktoren ihren Schreibtisch oft so, daß sie mit dem Rücken zum Fenster sitzen. Trägt jemand eine Sonnenbrille, so ist er im Vorteil, denn dem anderen fehlt das Feedback durch die Augen.

Auch die physischen Aspekte der Situation beeinflussen durch ihre symbolische Bedeutung soziales Verhalten. Die Person, die in einem größerem Stuhl am Kopfende des Tisches und/oder etwas erhöht sitzt, wird erwartungsgemäß die Führung übernehmen. Manche Chefs stellen ihren Schreibtisch der Tür gegenüber, um den Raum zu beherrschen und über ihre Besucher zu dominieren.

Die Farbe eines Zimmers beeinflußt ebenfalls die Stimmung der Personen, die sich darin aufhalten. Helle, gelbe Töne wirken fröhlich, Rot ist warm, und dunkle Blautöne verbreiten eine düstere Atmosphäre. Experimente beweisen, daß wir Menschen freundlicher begegnen, mit denen wir in einem schön eingerichteten Zimmer zusammentreffen. In vielen Fällen suggeriert das Mobiliar die Funktion eines Raums, ob es sich nun um Liebesspiele, um geselliges Zusammensein, um Konferenzen oder um Forschungsarbeiten handelt. Es wäre schwierig, in einem Zimmer mit Zementboden, einer nackten Glühbirne, schäbigen

Selbstvertrauen basiert auf der Fähigkeit, in heiklen Situationen nicht die Fassung zu verlieren

Holztischen und Stühlen erotische Gefühle zu erwecken. Ein solches Zimmer paßt besser in ein Gefängnis oder eignet sich als Verhörraum.
Untersuchungen über die Wirkungen von Situationen sind ein relativ neues Feld der Sozialpsychologie mit weitreichenden Implikationen. Wenn wir erkennen, daß Situationen wie Personen in der Lage sind, eine bestimmte Verhaltensweise hervorzurufen, sollten wir vielleicht energisch darangehen, Situationen zu kontrollieren und zu verändern, in denen Verbrechen geschehen (Geschäfte, öffentliche Verkehrsmittel, Neubausiedlungen) und uns nicht nur auf die Straftäter konzentrieren. Wir sollten uns mit Angst provozierenden Situationen (Fliegen, offizielle Anlässe, Begegnungen mit Fremden) ebenso intensiv befassen wie mit der Angst der Menschen selbst.
Eine Behandlungsmethode könnte die Situationstherapie sein, bei der die Problemsituation analysiert wird, um herauszufinden, wie sie verändert werden kann.

Menschen

Die Menschen verhalten sich in gleichen Situationen durchaus unterschiedlich. Sie sind laut, manchmal nervös, manchmal freundlich und manchmal feindselig. Viele dieser Unterschiede gehen auf die Persönlichkeit zurück. In sozialen Situationen sind zwei Persönlichkeitsfaktoren bedeutsam: Dominanz/Unterwürfigkeit und Freundlichkeit/Kälte. Es sind gegensätzliche Faktoren, und sie stehen sich folgendermaßen gegenüber:

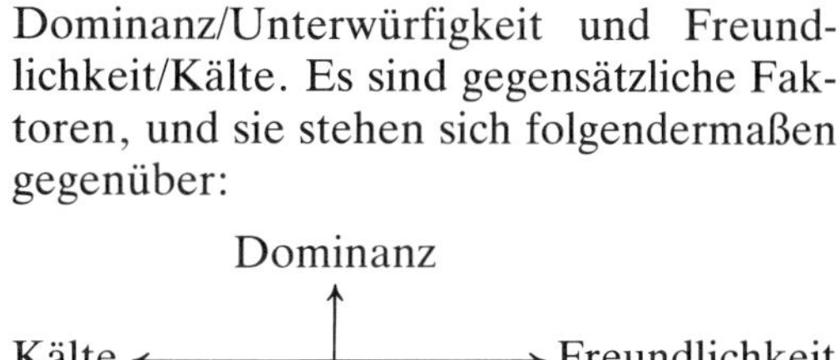

Manche Menschen sind dominierend und kalt, andere dominierend und freundlich; manche sind unterwürfig und kalt, manche unterwürfig und freundlich.

Freundliche Menschen lächeln, sitzen dicht beisammen und sprechen über angenehme Dinge. Dominante Menschen sind selbstbewußter, sprechen lauter, äußern ihre Ansichten, versuchen, andere zu beeinflussen, und lenken gerne das Geschehen. Freundliche Menschen bemühen sich hauptsächlich darum, freundschaftliche Beziehungen herzustellen und aufrechtzuerhalten. Dominierende Personen konzentrieren sich mehr auf den Zweck oder das Thema des Gesprächs und versuchen, es zu lenken. Freundliche Menschen sind beliebt, aber oft sind es die dominierenden, die als Führerpersonen akzeptiert werden.
Die Menschen zeigen diese elementaren Verhaltensweisen in vielen subtilen Varianten. Zwei Personen sind vielleicht auf ähnliche Weise freundlich, aber die eine zeigt es durch Gesichtsausdruck, Blick, Haltung und physische Nähe, während es eine andere durch Stimme, Wortwahl und Wortinhalt zu erkennen gibt. Zwei Vorarbeiter sprechen vielleicht gleich viel, aber der eine stellt Fragen und reagiert positiv auf die Vorschläge der Arbeiter am Fließband, während der andere Reden hält und klare Anweisungen gibt.

Extravertiert und introvertiert

Professor Hans Eysenck vom Maudsley Hospital in London stellte nach umfangreichen Untersuchungen fest, daß Extravertierte im allgemeinen geselliger und impulsiver sind, stärkere Stimulanzen bevorzugen (lautere Musik) und langsamer lernen als Introvertierte. Andere Wissenschaftler haben beobachtet, daß die extravertiertere von zwei Personen mit größerer Wahrscheinlichkeit zuerst das Wort ergreift, mehr spricht und eindringlicher redet.
Neurotiker leiden im allgemeinen unter großen Angstzuständen; sie haben schwache Abwehrkräfte gegen Streß, leiden häufig unter Migräne und anderen Schmerzen, schlafen schlecht und sind energielos. Neurotisches Verhalten steht in einer Beziehung zu verschiedenen Extremen sozialen Verhaltens, etwa Angstzuständen, Reizbarkeit und Angespanntsein in sozialen Situationen. Alle Formen psychischer Störungen führen zum Versagen in einem oder in mehreren Aspekten sozialen Verhaltens. Ein extremes Beispiel ist *Paranoia,* bei der der Patient die Handlungen anderer als Teil einer gegen ihn gerichteten feindseligen Kampagne sieht. *Schizophrenie* führt zu völligem Versagen in der Kommunikation und zum Rückzug aus der Gesellschaft.

Intelligenz und andere Fähigkeiten

Arbeitet eine Gruppe gemeinsam an der Lösung einer Aufgabe oder diskutiert sie ein Problem, so wird wahrscheinlich der Teilnehmer Gruppenführer, der für die Aufgabe am besten geeignet ist. Verändert sich die Aufgabenstellung, dann übernimmt vermutlich eine andere Person diese Rolle. In Gruppen von Kindern und Studenten wird im allgemeinen der Intelligenteste der Führer – Ausnahmen sind Banden krimineller Jugendlicher, in denen Gewalttätigkeit vor Intelligenz rangiert.

Einstellungen und Werte

Die Ähnlichkeit in Einstellungen und Wertvorstellungen ist ein zuverlässiger Anhaltspunkt, um vorauszusagen, ob zwei

Nur ein Spiel – aber gleichzeitig werden soziale Rollen eingeübt.

Menschen sich verstehen werden. Eine Person, die sich den Einstellungen einer Gruppe anschließt, wird zum akzeptierten und vielleicht sogar beliebten Gruppenmitglied werden. Vertritt sie jedoch abweichende Ansichten, wird die Gruppe sie vermutlich ablehnen.

Körperliche Hinweise

Zu den besten Indikatoren, die Aufschluß über ein künftiges Verhalten geben, gehören Alter, Geschlecht und soziale Klasse. Personen verschiedenen Alters unterscheiden sich in vieler Hinsicht. Man behandelt sie verschieden, da sie in der Gesellschaft unterschiedliche Stellungen einnehmen. Dies trifft auch auf soziale Klassen und Schichten zu. So ist zum Beispiel für Angehörige der oberen Mittelklasse ein bestimmtes Verhalten typisch; denken wir an das Tradieren bestimmter weltanschaulicher Grundsätze und an den Verhaltenskodex, der ihre Kommunikation innerhalb der eigenen und mit anderen sozialen Schichten regelt.

Aber auch der Körper beeinflußt unser soziales Verhalten. Es besteht eine Beziehung zwischen Körperbau und Temperament: Muskulöse Personen neigen zu größerer Aggressivität, magere tendieren zu inneren Spannungen und Intellektualität. Wichtiger ist jedoch, daß bestimmte soziale Reaktionen mit dem Aussehen in Zusammenhang stehen. So werden attraktive Frauen besonders zuvorkommend behandelt und große Männer bevorzugt in Führungspositionen gewählt (vgl. weiter unten Kap. 7).

Im Hinblick auf die Frauenbewegung sind geschlechtsspezifische Unterschiede im sozialen Verhalten interessant. Es läßt sich aber schwer sagen, welche Unterschiede geschlechtsspezifisch und welche kulturell bedingt sind. Allerdings ist im Tierreich das Männchen meist stärker, aggressiver und dominanter. Männer bemühen sich mehr um die Lösung von Problemen und suchen

Stolz auf den Körper. Gutaussehende Personen zeigen mehr Selbstvertrauen als andere.

Erfolg; Frauen widmen sich stärker zwischenmenschlichen Beziehungen. Frauen suchen öfter Blickkontakt und lächeln mehr, sie sind freundlicher und ausdrucksvoller, reagieren stärker auf Situationen und verhalten sich seltener sozial inadäquat.

Wir haben über Wesensmerkmale wie Introversion und Extraversion geprochen, die generell alle Situationen beeinflussen. Neuere Untersuchungen zeigen jedoch, daß wir im Alltag Menschen nicht auf diese geordnete wissenschaftliche Weise sehen. Wenn wir Unterscheidungen zwischen uns und anderen treffen, ziehen wir Aspekte heran, die für die augenblickliche Situation relevant sind. Verschiedene Personengruppen werden auf sehr unterschiedliche Weise klassifiziert. Studenten urteilten über ihre Freundinnen in Kategorien wie Attraktivität, Redegewandtheit, Selbstbewußtsein und Intelligenz, aber über andere Studenten in Kategorien wie Intro-/Extraversion, Radikalismus, Konservatismus, Redegewandtheit und soziale Klasse.

Personen in Situationen

Wir haben festgestellt, daß Situationen klaren Regeln unterliegen, definierte Rollen fordern und deutlich unterscheidbare Verhaltensmuster erkennen lassen. Wir haben

außerdem gesehen, daß Menschen konstante Eigenschaften besitzen, die zu einem unterschiedlichen Verhalten in gleichen Situationen führen. Wir wollen jetzt Menschen und Situationen im Zusammenhang betrachten.
Nehmen wir als Beispiel das Zuspätkommen. Tom kommt durchschnittlich drei Minuten früher und Hans durchschnittlich drei Minuten später als andere, während Dieter normalerweise rechtzeitig kommt. Nehmen wir weiterhin an, daß man normalerweise nicht zu spät beim Arzt erscheint, zum Frühstück drei Minuten, und zum Abendessen im Restaurant sechs Minuten zu spät kommt. Beobachten wir das Zuspätkommen von Tom, Hans und Dieter, so ergibt sich folgender Durchschnittswert:

	Arzt	Frühstück	Restaurant	Durchschnitt
Tom	3 Min. zu früh	rechtzeitig	3 Min. zu spät	0
Hans	rechtzeitig	3 Min. zu spät	6 Min. zu spät	3
Dieter	3 Min. zu spät	6 Min. zu spät	9 Min. zu spät	6
Durchschnitt	0	3	6	

In diesem Fall wird die Abweichung des einzelnen vom Durchschnitt zum typischen Zuspätkommen in einer Situation addiert. Die Situation kann wichtiger sein als die Person, wie im folgenden Beispiel, in dem die Situationen doppelte Auswirkungen (im Vergleich zu den Personen) haben.

	Zahnarzt	Frühstück	Party	Durchschnitt
Tom	−6	0	6	0
Hans	−3	3	9	3
Dieter	0	6	12	6
Durchschnitt	−3	3	9	

In der Realität sehen die Ergebnisse normalerweise anders aus, denn verschiedene Personen reagieren in bestimmter Weise auf bestimmte Situationen. Dieter fürchtet sich zum Beispiel vor dem Zahnarzt und trifft dort später ein, liebt aber Parties und ist früher dort, als die Durchschnittswerte es erwarten lassen. Tom fürchtet den Zahnarzt nicht, haßt aber Parties:

	Zahnarzt	Frühstück	Party	Durchschnitt
Tom	−11	0	+11	0
Hans	− 3	3	9	3
Dieter	5	6	7	6
Durchschnitt	− 3	3	9	

Die durchschnittliche Verspätung der Personen und die Situationen sind die gleichen, aber die einzelnen Werte variieren.
Wenden wir uns jetzt der Angst in verschiedenen Situationen zu. Angst oder Angstgefühle bewerten wir auf einer Fünf-Punkte-Tabelle.

1	2	3	4	5
keine Angst	leichte Angst	mäßige Angst	große Angst	Ausweichen

Nehmen wir eine Person, deren Durchschnittswert in einer Reihe sozialer Situationen ‚2' ist, was bedeutet, daß sie im allgemeinen ‚leichte Angst' hat. Aus Untersuchungen kennen wir die Durchschnittswerte für Angst in vielen sozialen Situationen. Ein Beispiel mit Studenten als Testpersonen: Es ergaben sich folgende Prozentsätze mit einem Durchschnittswert von ‚2 oder mehr'.

Situation	Personen mit Durchschnittswert 2 oder mehr
Tanzveranstaltungen, Disco	35
Ausgehen mit einer Person des anderen Geschlechts	21
Zusammentreffen mit Fremden	13
Gäste zu Hause	7
Zusammensein mit guten Freunden	1

Jeder Mensch hat ein charakteristisches Angstschema. So ängstigen sich manche auf Parties, andere, wenn sie in der Öffentlichkeit erscheinen sollen, und wieder andere in intimen Situationen mit Personen des anderen Geschlechts. Natürlich gibt es auch Menschen, die in allen sozialen Situationen Angst empfinden und andere, die in jeder Situation angstfrei sind, aber sie zählen zu den Ausnahmen.

Obwohl Menschen in ihrem Verhalten eine gewisse Kontinuität zeigen, rufen neue Situationen Veränderungen hervor. Es mag überraschen, daß dieser Grundsatz auf psychisch Kranke nicht zutrifft. Erst wenn sich ihr Zustand bessert, beginnen sie flexibel auf unterschiedliche Situationen zu reagieren und sich den Anforderungen einer Situation zu stellen. Frauen sind in ihrem Verhalten weniger kontinuierlich als Männer – vielleicht bestätigt das die konventionelle Meinung, Frauen seien unbeständig. Japaner werden von Situationen stärker beeinflußt als Europäer und Nordamerikaner, was auf den komplizierten Verhaltenskodex der japanischen Etikette zurückzuführen ist (zum Beispiel die Teezeremonie mit ihren vielen Regeln für die Zubereitung und das Servieren von Tee).
Ein anderer interessanter Aspekt gibt Aufschluß darüber, ob eine Person sich mehr oder weniger kontinuierlich verhält: die *interne-externe* Kontrolle. Intern kontrollierte Personen glauben, daß sie die Ereignisse einer Situation selbst unter Kontrolle haben, während extern kontrollierte das Geschehen abhängig von anderen Menschen oder von Zufällen sehen. Intern kontrollierte Personen werden von Konformität und anderen sozialen Zwängen weniger beeinflußt, sind neugieriger, stellen mehr Fragen und machen Langzeitpläne.

Es gibt jedoch noch andere ausschlaggebende Aspekte. Normalerweise begeben sich Menschen freiwillig in Situationen. So ist es aufschlußreich zu beobachten, welche Situationen ein Mensch genießt und welche er meidet. Die Persönlichkeit beeinflußt die Wahl der Situation ebenso wie das Verhalten in der Situation. Darüber hinaus modifizieren Personen in einem gewissen Ausmaß die Situationen, in denen sie sich befinden. Sie verwandeln unter Umständen eine Party in eine Art Seminar oder umgekehrt, d.h. sie definieren eine Situation neu. Manche Menschen lösen bei allen, mit denen sie zusammentreffen, charakteristische Reaktionen aus und sind infolgedessen von Menschen umgeben, die entweder sehr schüchtern, sehr freundlich oder schlecht gelaunt sind. Man mag dies als objektive Merkmale einer Situation wahrnehmen, aber in Wirklichkeit werden sie von der betreffenden Person selbst geschaffen.

6. Ichbewußtsein

‚Wer bin ich?' Die Psychologie unterscheidet grundsätzlich zwischen dem Ich und dem Selbst. Sie spricht vom Selbst in bezug auf die Gedanken und Gefühle eines Menschen über sich. Denn so wie wir zu einer Meinung über andere kommen, bilden wir uns auch eine Meinung über uns selbst. Wir betrachten uns von außen, d. h. wir versuchen, uns durch die Augen anderer zu sehen. Das Ich dagegen ist das bewußte Subjekt, das wahrnimmt (seine Welt, seine Mitmenschen und das Selbst) und Entscheidungen trifft.

Wir können das Selbst in zwei Aspekte gliedern: Das *Selbstbild* ist der deskriptive Aspekt; er beschreibt die Person, für die wir uns halten. Die *Selbstbewertung* ist ein Kriterium dafür, wie positiv oder negativ wir uns beurteilen. Vor Zuhörern, Spiegeln oder Fernsehkameras tritt das Selbst in den Vordergrund. Im Gespräch oder in Unterhaltungen können sowohl das Ich als auch das Selbst eine Rolle spielen, je nachdem ob wir unseren Standpunkt einnehmen oder den anderer. Das Selbstbild ist nicht immer voll rationalisiert oder in Worten faßbar.

Eine Person stuft sich als relativ dick ein (Selbstbild), wäre aber gerne schlank (Idealbild) und würde die Skala (unten) folgendermaßen ausfüllen:

	Ideales Ich	Selbstbild	
schlank	×	×	dick

Auf dieser Skala hätte sie einen Konfliktwert von vier Punkten (Abstand zwischen Selbstbild und Idealbild) – was sehr hoch ist.

Ein anderer Aspekt des Selbst ist das Maß, in dem eine Person die Integration ihrer Ambitionen, Interessen und Aktivitäten erreicht hat. Der Psychoanalytiker Erik Erikson spricht von vier Integrationsstufen:

1. Grundsätzliche Entscheidungen über Beruf, Ehe und Wertvorstellungen sind getroffen.

Selbstbewertung: Das Ich beobachtet, das Selbst wird beobachtet. ▶

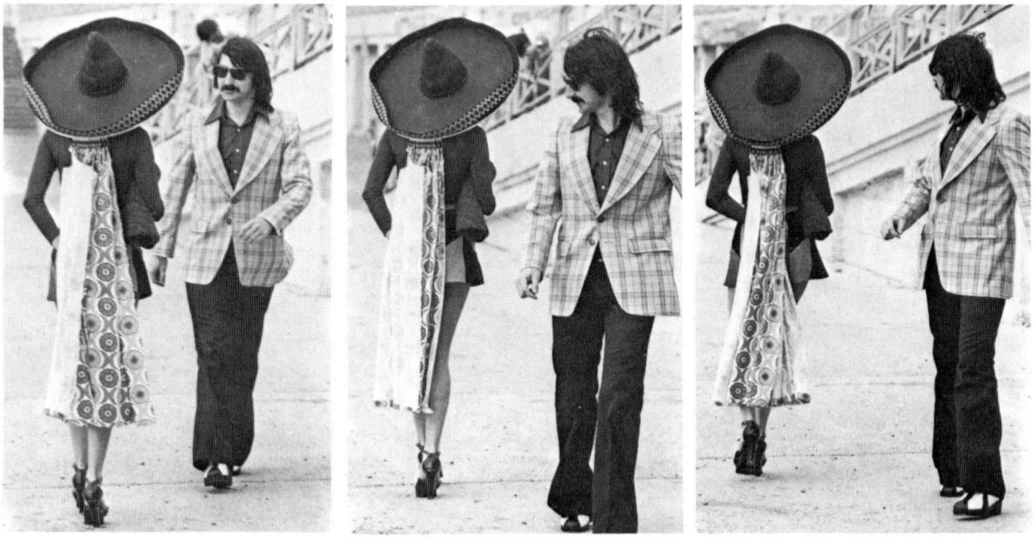

Das ,Ich' und das ,Selbst': In unserer Gesellschaft empfinden sich Männer als Beobachter, Frauen als Beobachtete.

2. Diese Entscheidungen sind zurückgestellt worden, z.B. während des Studiums etc.
3. Entscheidungen sind früh getroffen worden, aber noch im Stadium der Abhängigkeit und noch nicht im Erwachsenenalter.
4. Es wurden keine Entscheidungen getroffen, es gibt keine Festlegung auf eine Karriere oder andere Ziele.

Sozialwissenschaftler beschreiben auch allgemein bekannte Probleme bei der Identitätsfindung. So kennen wir zum Beispiel das ,Drop-out'-Syndrom oder Personen, die sich zwischen zwei Zielen nicht entscheiden können (Beruf oder Politik, Bankier oder Wissenschaftler, etc.). Ein gutes Beispiel dafür ist der junge Mann, der sich nicht entscheiden konnte, ob er Geistlicher oder Whiskybrenner werden sollte. Er versuchte das Problem zu lösen, indem er Meßwein herstellte.
Wenn Sie jemanden auffordern, zwanzig Antworten auf die Frage zu geben: ,Wer bin ich?', so werden Sie die Antworten in zwei Gruppen unterteilen können: *Rollen,* d.h. Alter, Geschlecht, Beruf, Familienbeziehungen, Religion; und *Persönlichkeitsmerkmale* und *Wertungen,* d.h. glücklich, gut, intelligent. Peter White, ein Wissenschaftler in Oxford forderte Testpersonen auf, eine Stunde lang über sich zu schreiben. Es stellte sich heraus, daß ältere Personen viel über ihr vergangenes Leben schrieben, während jüngere ihre unmittelbaren Probleme zur Sprache brachten.
Ein weiterer Aspekt des Selbst ist das *Körperbild,* dessen wichtigste Kriterien vermeintliche Größe und Attraktivität sind.

Wir unterscheiden uns auch in unserem Selbstbewußtsein. Michael Argyle und Marylin Williams untersuchten, welche Bedingungen Selbstbewußtsein fördern oder hemmen. Sie stellten fest, daß manche Personen sich in sozialen Situationen als Beobachter sahen, während andere sich in der gleichen Situation gehemmt fühlten und glaubten, beobachtet zu werden. Diese letzteren Personen rückten das Selbst mehr in den Vordergrund als das Ich. Ihr Selbstbild dominierte, war aber nicht stabil, und sie hatten eine niedrige Selbstbewertung. Es überrascht nicht, daß ein Interviewer sich eher als Beobachter empfindet und weniger als Beobachteter. Wenn jedoch eine ältere Person mit einer jüngeren spricht, sieht sie sich als Beobachter und die jüngere als die Beobachtete. In unserer Gesellschaft fühlen sich Männer öfter als Beobachter und Frauen als Beobachtete.

Wie das Selbstbild erworben wird

Die Reaktionen anderer

Das Selbstbild entsteht zum größten Teil durch Reaktionen anderer. Wir stellen fest, wie sie uns sehen und übernehmen zum Teil ihre Sehweise. Wir sprechen in diesem Zusammenhang vom *Spiegelselbst.* Hört ein Kind von seinen Eltern immer wieder, es sei intelligent oder unzuverlässig, wird es wahrscheinlich daran glauben – und diese

Der erhobene Zeigefinger der Mutter ist ein wichtiger Wegweiser für das Kind, das sein Selbstbild entwickelt.

Nachahmungs-Spiele sind der Versuch, die Eigenschaften eines bewunderten Modells zu adaptieren ...

Eigenschaften werden so Teil seines Selbstbildes.
Kinder erhalten relativ viel direkte Informationen darüber, wie andere sie sehen. Unter Erwachsenen verbietet eine Art Tabu direkte verbale Äußerungen, besonders negative. Trotzdem sind nonverbale Signale nicht ohne Wirkung. Ein Lächeln oder eine Grimasse von Bernhard genügen, um Edith zu sagen, was er von ihrem Aussehen oder von ihren Worten hält. Je reifer wir sind und je integrierter unser Selbstbild ist, desto geringere Wirkungen haben nonverbale Botschaften auf das Selbstbild – es sei denn, es handelt sich um die Reaktion einer Person, deren Ansichten wir respektieren. Die Reaktionen anderer lassen nicht zu, daß sich unser Selbstbild weit von der Wirklichkeit entfernt, und doch gibt es mächtige Kräfte, die es aus dem Bereich der Realität holen wollen. Minderwertigkeitsgefühle – d.h. geringe Selbstbewertung – entstehen nicht dadurch, daß eine Person wirklich ‚mittelmäßig' ist, sondern entweder durch geringschätzige Reaktionen von Eltern oder Lehrern in der Kindheit oder weil sie eine weit überlegene Gruppe als Maßstab gewählt hat.

Vergleich mit anderen
Viele Selbstwahrnehmungen basieren auf Vergleichen. Michael ist zum Beispiel größer als Jörg, und deshalb empfindet sich Jörg als klein. Sind Brüder und Schwestern eines Kindes nicht sehr aufgeweckt, so hält es sich für intelligent. Haben seine Mitschüler reichere Eltern, wird es seine Familie als arm ansehen. Experimente haben gezeigt, daß Menschen dazu tendieren, sich in ‚Ranglisten' einzustufen. Sie tun das, indem sie ihre Leistungen, etwa beim Tennis, mit denen anderer vergleichen, die auf einem ähnlichen Niveau oder etwas höher stehen, nicht aber mit Wimbledon-Siegern oder Anfängern.

Rollenspiele
Rollen und Berufe sind ein wichtiger Aspekt des Selbstbildes. Erwachsene identifizieren sich in erster Linie mit Berufsrollen, es sei denn, es gibt für sie andere Rollen, die größeres Prestige oder Engagement mit sich bringen. Im Verlauf ihrer Ausbildung sehen Medizinstudenten sich allmählich als ‚Ärzte'. Jemand, der eine Rolle zum ersten Mal übernimmt, hat noch deutlich das Gefühl, eine Rolle zu spielen. Aber nach einer gewissen Zeit, wenn andere ihn in dieser Rolle akzeptiert haben, wird sie Teil seines Selbstbildes und ist nicht länger eine Maske.

Identifikation mit Modellen
Kinder wählen im Verlauf ihrer Entwicklung eine Reihe anderer Menschen als Modelle, mit denen sie sich identifizieren –

... oder ein soziales Ritual Erwachsener (hier eine Hochzeit) zu proben.

Eltern, ältere Kinder, Lehrer, Filmstars, usw. Das *Ideal-Ich* entsteht hauptsächlich durch Modelle, allerdings wird eine Person nur dann als Modell gewählt, wenn sie bereits angenommene Ideale verkörpert. Untersuchungen haben ergeben, daß neben dem Ideal-Ich auch das Selbstbild vom Modell beeinflußt wird. Man glaubt bereits einige Attribute des Modells zu besitzen. Das löst eine intensive Beschäftigung mit dem Selbst aus, und auf diese Weise wird ein bedeutsamer Teil des Selbstbildes erworben.

Identitätsbildung in der Jugend

Viele Kinderspiele kreisen um die Rollen Erwachsener. Jugendliche proben diese Rollen ernsthafter; während des Studiums ist es möglich, mit einer Reihe von Rollen und Identitäten zu experimentieren, ohne sich endgültig festzulegen. Im Alter von 16 bis 24 Jahren verstärkt sich jedoch der Druck auf die jungen Leute, sich zu entscheiden, welche Aspekte und Fragmente ihrer Identität sie ernsthaft adaptieren wolle und welche unterdrückt werden. Die Notwendigkeit, eine Reihe wichtiger Entscheidungen zu treffen, steht am Beginn dieser Phase (Ausbildung, Beruf, Partnerwahl und allgemeiner Lebensstil). Außerdem entwickelt der Jugendliche eine wachsende Fähigkeit zu abstraktem Denken. Die Kontinuität seines Verhaltens beschäftigt ihn besonders, z.B. ehrlich, radikal oder Vegetarier usw. zu sein.

Die Bemühung, in der Jugend ein integriertes Selbstbild zu finden, bewirkt, was Erikson eine ‚Identitätskrise' nannte, und setzt die verschiedenen Stadien der Identitätsbildung in Gang. Eine Reihe vertrauter sozialer Typen, die vorgefertigte Identitäten anbieten, erleichtern die Suche nach der eigenen Identität. Ein Mädchen wird daran denken, Sekretärin, Lehrerin oder Fotomodell zu werden, vermutlich aber kaum Priesterin oder Elefantendompteuse. Die gewählte Identität ist wahrscheinlich die individualisierte Version eines sozialen Typs, etwa ein *intellektuelles* Fotomodell und nicht nur ein hübsches.

Die Jugendlichen stehen vor dem Problem, eine Identität zu entwickeln, die in gewissem Maß unabhängig von der Familie ist, obwohl sie normalerweise viel mit ihr gemein hat. Dies geschieht meist durch den Anschluß an eine soziale Gruppe außerhalb der Familie, deren Werte akzeptiert werden, zum Beispiel eine Gemeinschaft, die religiöser, intellektueller oder auch krimineller als die eigene Familie ist.

Kräfte, die das Selbstbild beeinflussen

Unser Selbstbild wird von starken Kräften bedrängt. Eine Theorie sagt, die stärkste Kraft treibe uns in Richtung Beständigkeit; d. h. wir suchen Reaktionen, die mit unse-

Der Versuch, die Identität zu finden, kann in der Jugend zu bizarren Ergebnissen führen.

rem Selbstbild übereinstimmen. Wir möchten für das bewundert werden, was wir an uns selbst bewundern. Der amerikanische Psychologe Carl Rogers behauptet jedoch, wir seien in erster Linie darum bemüht, unsere Selbstbewertung zu verbessern; mit anderen Worten: Wir suchen ein vorteilhaftes Selbstbild und positive Reaktionen.
In einer Reihe von Experimenten wurden diese beiden Theorien überprüft. Man lobte z. B. Testpersonen für schlechte Leistungen (Befriedigung der Selbstbewertung, aber kein Schritt in Richtung Beständigkeit). Man stellte fest, daß solch unverdientes Lob nicht ernst genommen und vergessen wurde, es wurde jedoch als angenehm empfunden, und die Selbstbewertung stieg. Das beweist, daß beide Theorien in gewisser Weise Gültigkeit haben. Eine hohe Selbstbewertung scheint besonders im Fernen Osten wichtig zu sein, wo der ‚Gesichtsverlust' einer Tragödie gleichkommt und zum Selbstmord führen kann.

Konfrontation mit der Realität

Shelly Duval und Robert Wicklund hielten mit Hilfe von Spiegeln und Fernsehkameras die Reaktionen von Testpersonen fest, die sich einer Diskrepanz zwischen ihrem Selbstbild und dem Bild, das andere von ihnen hatten, oder zwischen Selbstbild und Realität bewußt wurden. Man stellte unter anderem dicke Menschen, die sich für schlank hielten, vor einen Spiegel und zwang sie, der Realität ‚ins Auge zu sehen'. Die Wissenschaftler stellten fest, daß die Menschen dazu neigen, vor der Wahrheit zu fliehen oder sich ihr zu stellen und ihre Vorstellungen zu korrigieren. Personen, die sich des Unterschieds zwischen dem Selbstbild und den Tatsachen im Spiegel bewußt werden, verbrachten weniger Zeit damit, ihr Abbild zu betrachten, als andere. Standen sie vor dem Spiegel, so gaben sie auf Fragen ehrlichere Antworten, und ihre Selbstbewertung war weniger günstig.

Aufrechterhaltung des Selbstbildes

Die beschriebenen Motivationen lassen das Selbstbild der meisten Menschen eher günstiger und beständiger werden als es eigentlich zu rechtfertigen wäre. Es besteht immer die Gefahr, daß das Selbstbild durch die Reaktionen anderer in Zweifel gezogen wird. Die amerikanischen Psychologen Paul Secord und Carl Backman haben verschiedene Verhaltensweisen aufgezeigt, mit denen wir dieser Gefahr begegnen:

1. Wir suchen ausschließlich die Gesellschaft von Personen, die unser Selbstbild akzeptieren (der engste Freundeskreis).
2. Wir wechseln die Gruppe; wir schließen uns einer vergleichbaren Gruppe mit niedrigerem Status oder Leistungsniveau an (dem weniger exclusiven Club oder dem Tennisverein mit schlechteren Spielern).
3. Wir ändern tatsächlich unser Verhalten, um die Reaktionen anderer günstig zu beeinflussen (Integration in Gruppen).
4. Wir werten Personen ab, die unser Selbstbild in Frage stellen (das Kind, das einen Lehrer ablehnt, der ihm schlechte Noten gibt).
5. Wir ignorieren oder lehnen die Feststellungen anderer ab (der Wissenschaftler, der die Stellungnahmen seiner Kollegen nicht zur Kenntnis nimmt und unbeirrt weiterarbeitet)

Die Entwicklung des Selbstbildes

Das Selbstbild ist nicht statisch, sondern wird unablässig durch das Ideal-Ich angespornt. Ein Hochspringer, der weiß, daß er 1,90 m (Selbstbild) springen kann, würde gerne die Zweimetermarke erreichen (Ideal-Ich). Ist ihm das gelungen, revidiert er sowohl sein Selbstbild als auch sein Ideal-Ich; er setzt sich höhere Ziele und wählt vielleicht andere Vorbilder. Abraham Maslow zufolge sind wir grundsätzlich motiviert, uns zu entwickeln, zu entfalten, uns zu verbessern. Allerdings könnte dies auf den gesellschaftlichen Leistungszwang zurückzuführen sein, ein typisch westliches Phänomen. Carl Backman spricht davon, daß wir neue Entwicklungen des Selbstbilds bei Freunden erproben. Akzeptieren sie die Veränderung, so wird der neue Aspekt des Selbst gefestigt. Ein ähnlicher Vorgang läßt sich bei der Einübung sozialer Fertigkeiten beobachten.

Jean-Paul Sartre vertritt die Ansicht, daß wir unsere Persönlichkeit auf ähnliche Weise erschaffen wie Schriftsteller ihre Figuren. George Bernard Shaw und George Orwell haben in einer Überhöhung dieses Vorgangs sich selbst als neue Figuren ge-

Galileis unerschütterliches Selbstbild ließ ihn die Skepsis seiner Zeitgenossen ignorieren und an seinen Theorien festhalten.

Das richtige Kostüm für die Rolle: ‚Seht, ich bin Student.‘

schaffen. Shaw lehnte seine frühere Identität als Angestellter ab und wurde der interessante, sozialkritische Dramatiker und Ironiker. Orwell schuf sich nicht nur eine neue Identität, sondern gab sich auch einen neuen Namen.

Selbstdarstellung

Selbstdarstellung ist ein Verhalten, das darauf abzielt, auf andere Eindruck zu machen. Wie wir gesehen haben, sind wir stark motiviert, solche Eindrücke hervorzurufen, besonders um wohlwollende Reaktionen zu erhalten, die unser Selbstbild und unsere Selbstbewertung bestätigen. Dieses Bedürfnis ist besonders bei Personen mit ungefestigtem Selbstbild stark ausgeprägt. Ervin Goffman behauptet in *Presentation of Self in Everday Life,* daß dies an Kleidung und anderen äußeren Merkmalen sichtbar werde, an Dingen also, die manipulierbar seien. Wir wollten einen guten Eindruck erwecken und griffen sogar zu bewußten Täuschungen. Die ‚Gestaltung des Eindrucks‘ sei mit dem Verhalten auf der Bühne zu vergleichen. So trage z. B. die ganze Familie dazu bei, einen guten Eindruck auf einen Gast zu machen, dem nur die präsentable Seite des Hauses vorgeführt werde.
Diese Theorie trifft sicher auf Beerdigungsunternehmer, Verkaufspersonal, Kellner und andere ‚Berufsdarsteller‘ zu, die unter den Augen der Öffentlichkeit agieren. Auch das Alltagsleben kann in bestimmter Hinsicht wie eine Bühne sein: Wir stellen immer wieder fest, daß wir vor einem Publikum spielen, und manche Vorstellungen gehören zum Repertoire. Andererseits spielen wir eine Rolle, die unserer Persönlichkeit entspricht, und sie ist nicht von einem Dramatiker erfunden. Deshalb müssen wir immer wieder improvisieren.

Verlegenheit

Nach Goffmans Theorie wird Verlegenheit durch die Aufdeckung einer unaufrichtigen Selbstdarstellung hervorgerufen. Edward Gross und Gregor Stone überprüften bei Studenten etwa 1000 Fälle von Verlegenheit, von denen einige Goffmans Theorie erhärteten, andere hingegen nicht.
Verlegenheit scheint eine Form sozialer Angst zu sein, die auf verschiedene Weise hervorgerufen werden kann. Durch aufrichtige Selbstdarstellung oder Souveräni-

‚Wir sind eine Gruppe‘ (links) und (rechts) ‚Wir sind Anhänger eines Glaubens.‘

tät läßt sie sich oft vermeiden. Denken Sie daran, Menschen mit Humor geraten selten in Verlegenheit!

Täuschen und verheimlichen

Goffmann zufolge sind Täuschungsmanöver allgemein üblich; aber er belegt diese Behauptung mit dem Verhalten von Kellnern und anderen speziellen Berufsgruppen. Übertreibung und Selbstbeschönigung in geringem Maß sind eine Form der Annäherung an das Ideal-Ich und allgemein verbreitet. Echte Täuschung ist dagegen seltener.

Etwas zu verheimlichen ist durchaus an der Tagesordnung. Wir sagen nicht jedem, wo unsere Schwächen liegen, und vermeiden, über peinliche Dinge zu sprechen. Die anderen bestärken uns in diesem Verhalten und unterlassen es, uns durch direkte Fragen in Verlegenheit zu bringen. Stigmatisierte Gruppen (Homosexuelle, Alkoholiker, Drogensüchtige, Vorbestrafte – und nicht zu vergessen Geheimagenten) verheimlichen und täuschen oft notgedrungen in großem Ausmaß.

Sidney Jourard, ein Wissenschaftler an der University of Florida, fand, daß wir unserer Mutter, Freunden desselben Geschlechts und dem Ehepartner am meisten über uns anvertrauen, und daß Frauen mehr persönliche Informationen geben und erhalten als Männer. Je offener wir über uns sprechen, desto mehr werden wir von anderen erfahren. Jourard kommt zu dem Schluß, daß Aufrichtigkeit und Selbstenthüllung für die psychische Gesundheit wichtig sind. Man kann dagegen einwenden, daß es in bestimmten Fällen ratsam ist, die wahren Gefühle zu verbergen – unerwünschte Liebe, ungerechtfertigter Haß sind zwei einleuchtende Beispiele.

Verbale Selbstdarstellung

Prahlen ist die einfachste und direkteste Art der Selbstdarstellung. In den westlichen Kulturen bewertet man Prahlen negativ. Wer prahlt, macht sich oft unglaubwürdig und lächerlich. Die amerikanischen Psychologen Edward Jones und Kenneth Gergen führten Experimente durch, in denen Testpersonen aufgefordert wurden, sich einem Fremden gegenüber möglichst positiv darzustellen. Sozial Höhergestellte taten dies mit Überlegung und beträchtlicher Bescheidenheit, sozial Tieferstehende prahlten, wann immer sich eine Gelegenheit dazu bot.

Der englische Schriftsteller Stephen Potter (der Autor von *Lifemanship* und anderen Büchern) hat gezeigt, wie leicht man sich durch das Einfließenlassen bekannter oder berühmter Namen lächerlich machen kann: „Wie ich zum Bundespräsidenten sagte ..." Es gibt jedoch Situationen, in denen dieses Tabu nicht gilt. Dem Bewerber um eine Stelle ist es gestattet, über seine beruflichen Erfolge zu sprechen – allerdings erwartet man auch von ihm ein gewisses Maß an Bescheidenheit. In Encountergruppen fordert man manchmal die einzelnen auf, über ihre guten Seiten zu sprechen.

Würden Sie es wagen, sich ungeniert in der Öffentlichkeit an dieser Stelle zu kratzen?

Man sagt es ohne Worte

Bei der Selbstdarstellung greifen wir alle zu Mitteln der nonverbalen Kommunikation: Kleidung und Haare, aber auch Aussprache und Sprechweise prägen unser Erscheinungsbild.

Kleidung

Keith Gibbins stellte bei jungen Frauen eine erstaunlich große Übereinstimmung fest, als er in einem Experiment Testpersonen aufforderte, zu beurteilen, welche Art Frauen eine bestimmte Art Kleidung tragen würden. Auch über Charaktereigenschaften (snobistisch, rebellisch, promisk, oder häuslich, schüchtern, fröhlich etc.) urteilten sie ähnlich. Kleidung kann genaue Information über eine Persönlichkeit vermitteln, besonders wenn es sich um charakteristische Kleidungsstücke handelt, an denen sich Gruppenzugehörigkeit und sozialer Status ablesen lassen, bzw. wie gepflegt, wie auffällig und teuer etc. sie sind.

Haare, Haut und Körper

Haare sind für Männer und Frauen von großer Bedeutung. Die Haarlänge von Männern war in den letzten Jahren eine Frage der Weltanschauung. Die einen meinen, Außenseiter (Personen, die sich der sozialen Kontrolle nicht unterwerfen) trügen lange Haare – was in unserer Zeit zweifellos nicht mehr zutrifft; andere behaupten, Haareschneiden sei ein Symbol für Kastration, und damit läßt sich vielleicht der starke Widerwille vieler Menschen gegen das Abschneiden langer Haare erklären. In manchen Kulturen wird die Haut tätowiert oder bemalt. Bei uns hat sich die Entfernung von Tätowierungen und Narben bei der Rehabilitation von Straftätern als erfolgreich erwiesen. Frauen schnüren sich oder tragen wattierte Kleidungsstücke, um einem modischen Ideal zu entsprechen.

Status

Status manifestiert sich im Erscheinungsbild. Das Streben nach höherem Status erklärt vielleicht den ständigen Wechsel der

Schmuck genügt, um einen bestimmten Lebensstil zu proklamieren.

Mode. Die Elite entwickelt eine neue Mode, um ihre Besonderheit zu dokumentieren. Dies ergab eine umfassende Untersuchung, die E. B. Hurlock schon 1929 veröffentlichte. Er stellte fest, daß 49% der Frauen und 20% der Männer einer Mode folgten, um sich den Anschein zu geben einer höheren Klasse anzugehören, und etwa 50% der Befragten gaben an, modische Accessoires abzulegen, sobald die unteren Klassen sie adaptierten. Ein anderes wichtiges Statussymbol ist, besonders in Großbritannien, die Sprechweise. Dabei gibt es differenzierte regionale und klassenbedingte Unterschiede. Aber viele Menschen sind in der Lage, verschiedene Ausdrucksweisen zu adaptieren, etwa um sich einem gesellschaftlichen Rahmen anzupassen.

Körperliche Attraktivität

Körperliche Attraktivität läßt sich manipulieren, indem man auf Gesicht, Haare, Aussehen und Kleidung große Aufmerksamkeit verwendet. Aussehen ist eine Art bewußten Verhaltens und weniger eine angeborene Eigenschaft. Es ist deshalb erstaunlich, daß sich nicht mehr Frauen und Männer um attraktives Aussehen bemühen, denn die Vorteile machen sich schnell bemerkbar. Die Steigerung der körperlichen Attraktivität hat sich in der Sexualtherapie als erfolgreich erwiesen.

Rebellen

Rebellen distanzieren sich von der Gesellschaft. Sie verändern oft ihr Aussehen, um ihre Besonderheit zu demonstrieren. Auf dem Höhepunkt der Hippiebewegung trugen Hippies nicht einfach Kleidung, sondern schufen einen Stil, der sie sofort identifizierte. Der Punk Rock hat, zumindest bei einigen wenigen Mutigen, die sichtbare Abweichung noch weiter geführt. Innerhalb devianter Gruppen demonstrieren Details, die die meisten von uns nicht bemerken würden, den unterschiedlichen Status der Gruppenmitglieder. Die ‚Hooligans‘, eine Gruppe englischer Fußballfans, tragen als eine Art Uniform lange Schals in den Farben ihrer Mannschaft, die sie oft nicht um den Hals, sondern um den Arm schlingen, und bestimmte Hosen, Stiefel und Jacken. Innerhalb dieser Gruppe gibt es verschiedene Untergruppen: neuaufgenommene Jugendliche, ältere, die die Gruppe bald verlassen werden, die ‚Hooligans‘ und die ‚Nutters‘. Sie alle tragen eine Variante der ‚Grunduniform‘, die von den anderen Gruppenmitgliedern verstanden wird. Indem diese Außenseiter ihre Besonderheit gegenüber der Gesellschaft signalisieren, bekunden sie Solidarität, aber auf der Grundlage von Statusunterschieden – wie die übrige Gesellschaft auch.

7. Freundschaft und Liebe

Freundschaft schließen und einen Ehe- oder Liebespartner finden sind vielleicht die wichtigsten Aspekte unseres Lebens, und doch haben wir dabei die größten Probleme. Bridget Bryant, Peter Trower und ihre Kollegen an der Oxford University forderten mehr als zweihundert Studenten auf, aus dreißig sozialen Aktivitäten die problematischste auszuwählen. ‚Mit jemandem des anderen Geschlechts ausgehen' und ‚Freundschaft schließen' wurden am häufigsten genannt. Wir stellten einhundert ambulanten psychiatrischen Patienten dieselbe Frage und erhielten im großen und ganzen ähnliche Antworten. Allerdings schätzten sie die Schwierigkeiten noch höher ein und blieben in ihren Bemühungen öfter erfolglos. Männliche Patienten hatten größere Schwierigkeiten und hatten in beiden Bereichen ein Gefühl der Unzulänglichkeit. 40% der Männer war es nicht gelungen, eine Partnerin zu finden; manche waren noch nie mit einer Frau ausgegangen, und die meisten von ihnen hatten wenige oder keine Freunde.

Wie schließen Menschen Freundschaft? Wie entwickelt sich eine Liebesbeziehung? Was läuft falsch bei einsamen Menschen? In diesem Kapitel wollen wir über Liebe und Freundschaft sprechen und über einige Gesichtspunkte, die uns helfen zu verstehen, weshalb es manchmal zu keiner Beziehung kommt.

Freundschaft

Was macht bestimmte Menschen für uns attraktiv? Was bewirkt, daß wir sie besser kennenlernen wollen, daß wir sie vielleicht sogar als Freunde wünschen?

Körperliche Attraktivität

Offensichtlich spielt die körperliche Attraktivität bei der Wahl unserer Sexualpartner eine große Rolle. Aber beeinflußt sie die Wahl unserer Freunde, bei der sexuelle Aspekte unwichtig sind (zumindest scheinbar)? Die Antwort lautet: Ja! Das Aussehen ist in beiden Fällen wichtig.

Eines der schwierigsten und wichtigsten Dinge des Lebens: jemanden zu finden, den wir lieben und der uns liebt. ▶

Obwohl der Einfluß der körperlichen Schönheit seit Jahrhunderten bekannt ist, hat man erst in neuester Zeit entdeckt, wie groß dieser Einfluß ist. Eine Reihe wissenschaftlicher Untersuchungen läßt darauf schließen, daß wir uns von Äußerlichkeiten sehr stark blenden lassen. Wir mögen uns gegen diese Feststellung wehren, aber die meisten von uns glauben, was äußerlich schön sei, müsse auch innerlich gut sein. Gutaussehenden Menschen schreibt man alle Arten positiver Eigenschaften zu, wie Sensibilität, Freundlichkeit, Empfindsamkeit, interessantes Wesen, Stärke und Geselligkeit etc.

Unser Verhalten in allen Situationen des gesellschaftlichen Lebens zeigt, daß wir schöne Menschen vorziehen und ihnen größeres Vertrauen entgegenbringen als unattraktiven – zumindest bei der ersten Begegnung. Auch wenn wir jemanden auf Grund seiner Charaktereigenschaften beurteilen wollen, neigen wir aus Unwissenheit oft dazu, sie aus sichtbaren, körperlichen Attributen abzuleiten.

Das Aussehen ist also nicht nur um seiner selbst willen wichtig, sondern weil wir Freunde finden wollen, von denen wir glauben, sie besäßen viele positive Eigenschaften. Schönheit ist Geschmacksache, und Geschmack wird von Kultur und Mode beeinflußt. Psychologen haben einige Aspekte unseres Erscheinungsbildes beschrieben, die von der Mehrzahl der Menschen als anziehend oder abstoßend empfunden werden. Neben einem schönen Gesicht zählen modische Kleidung, ein gutgebauter Körper, Größe, bei Männern Bärte und expressives Verhalten wie Lächeln zu den positiven Merkmalen, Beleibtheit (in unserer Kultur) zu den negativen.

Modische und elegante Kleidung wird mit guten Eigenschaften assoziiert. Gutgekleidete fremde Menschen erhalten mehr Information, und ihnen wird größere Hilfsbereitschaft entgegengebracht. Eine attraktiv gekleidete Frau, deren Auto eine Panne hat, erhält viele hilfreiche Angebote. Dieselbe Frau in unauffälligen Kleidern muß lange am Straßenrand warten.

Der Körperbau ist ein anderer wichtiger Aspekt der Erscheinung. Bei einer Untersuchung stellte man fest, daß bereits Fünfjährige sportlich aussehende Menschen für ‚besser' hielten als dicke oder magere. Von großen Menschen glaubt man, sie seien auch in anderer Hinsicht ‚groß'. Der Soziologe S. D. Feldman stellte 1971 fest, daß jeder seit 1900 gewählte amerikanische Präsident größer war als seine unterlegenen Konkurrenten. Das *Wall Street Journal* schrieb in einem Artikel, daß größere Universitätsabsolventen im Durchschnitt 12% höhere Anfangsgehälter erhalten als ihre kleineren Mitbewerber.

Besitzen gutaussehende Personen wirklich so überdurchschnittlich positive Eigenschaften? Oder, um es anders auszudrükken: Ist Schönheit nicht nur äußerlich? Wahrscheinlich, zumindest manchmal. Attraktive Menschen, die positiv beurteilt werden, behandelt man im allgemeinen gut, und sie machen mehr positive Erfahrungen; sie kommen mit mehr sozialen Gruppen in Berührung und haben ein größeres Potential für Freundschaften als körperlich unattraktive. Dies wiederum steigert ihr Selbstvertrauen und macht sie für andere interessanter. Man hat beobachtet, daß gutaussehende Personen sogar am Telefon positiv beurteilt wurden – wenn ihr Aussehen also keine Rolle spielte.

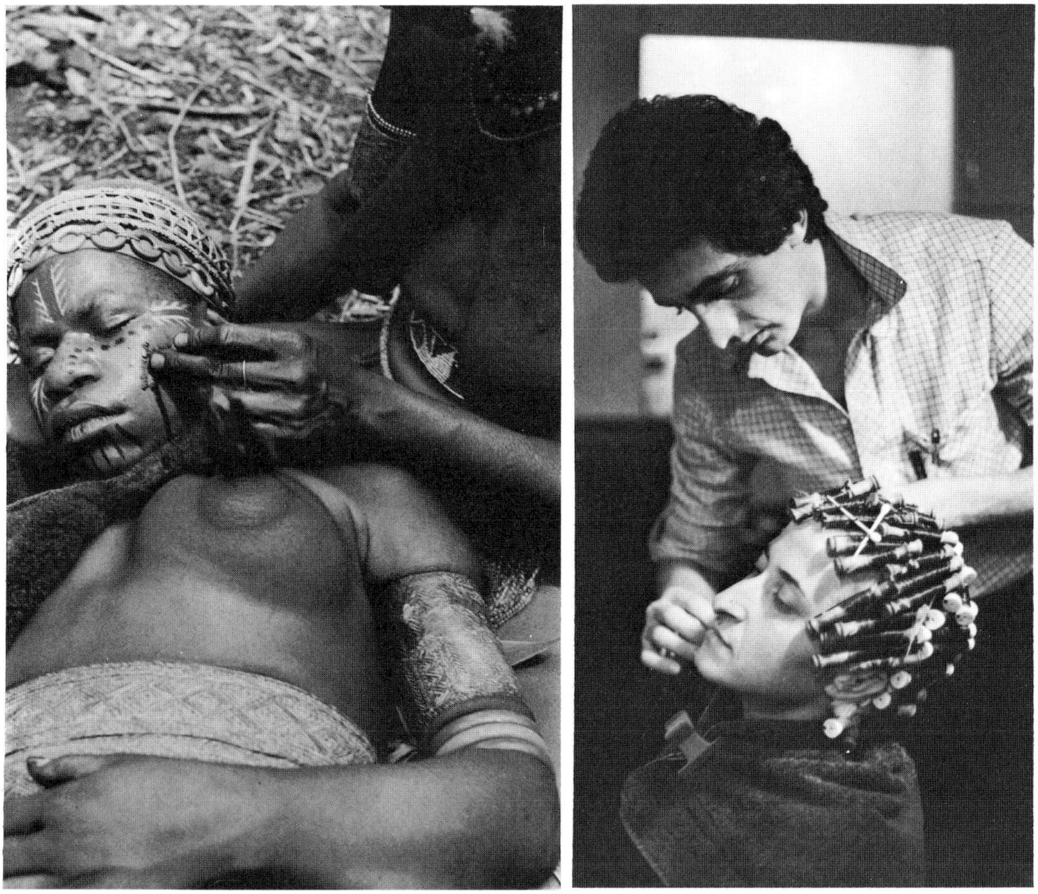

Schönheit ist so wichtig, um Freundschaft oder Liebe zu finden, daß Menschen auf der ganzen Welt dafür große Unannehmlichkeiten in Kauf nehmen.

Der amerikanische Psychologe Robert Rosenthal stellte fest, daß ein Kind, das der Lehrer für intelligenter oder weniger intelligent als seine Klassenkameraden hält, sich unabhängig von seinen tatsächlichen Fähigkeiten oder Anlagen besser oder schlechter entwickelt. Rosenthal nannte dies den ‚Pygmalion-Effekt'. Er berichtet, dieser Effekt wirke sich erheblich in Schulen, Büros und Fabriken aus. Lehrer und Vorgesetzte bilden sich oft auf Grund des ersten Eindrucks ein (Vor-)Urteil, zum Beispiel, daß schwarze, arme oder unattraktive Kinder bzw. Arbeiter schlechter lernen oder arbeiten, weil sie angeblich unbegabt sind. Es überrascht nicht, wenn diese Gruppen tatsächlich weniger erfolgreich sind, aber der Grund dafür scheint öfter in der Be-

handlung durch Lehrer und Vorgesetzte zu liegen. Sie verhalten sich ihnen gegenüber kühler, machen negative Bemerkungen, geben ihnen weniger interessante Aufgaben und Möglichkeiten. Rosenthal bezeichnet dies als „sich selbst erfüllende Prophezeiung"; Personen verhalten sich negativer oder positiver, nur weil das von ihnen erwartet wird und man sie entsprechend behandelt.
Deshalb ist es auch wahrscheinlich, daß zwei Menschen, die sich bei der ersten Begegnung attraktiv finden, einander auch wohlwollend begegnen, und gerade aus *diesem* Grund Freunde werden. Das erklärt vielleicht auch die Ergebnisse einer Untersuchung, die unter den Schülern eines Sommerlagers durchgeführt wurde. Man legte den Neuankömmlingen Porträtaufnahmen der Jungen im Lager vor, und befragte sie, wen sie sich als Spielgefährten wünschten. Beinahe 64 % wählten die beliebtesten Jungen des Lagers, was ihnen aber zu diesem Zeitpunkt unbekannt war. Das Aussehen ist also ein wichtiger Entscheidungsfaktor, der die Zuneigung bestimmt, sogar schon bei Kindern.

Jeder denkbare moderne Komfort – aber wird das uralte Bedürfnis nach engem Zusammenleben dadurch befriedigt?

Kontakt

Ein Mensch kann die erstaunlichste Persönlichkeit der Welt sein, und doch wird er wenig Freunde haben, wenn er nicht mit anderen Menschen in Berührung kommt. Je enger der Kontakt über einen gewissen Zeitraum ist, desto stärker fühlen wir uns zu dem Betreffenden hingezogen (falls unsere erste Reaktion nicht Abneigung war). Ein solcher Kontakt kann ganz zufällig sein. Studenten, die in einem Studentenheim oder in einer Wohngemeinschaft zusammenleben oder in den Vorlesungen nebeneinander sitzen, werden durch diese zufällige Nähe zu Freunden. Angestellte eines großen Kaufhauses und die Mannschaften von Bombenflugzeugen entwikkelten engere Beziehungen zu ihren Kollegen, die in unmittelbarer Nähe arbeiteten, als zu anderen, die nur wenige Meter von ihnen entfernt ihren Dienst versahen.

Leon Festinger und seine Kollegen vertreten die Ansicht, daß Architekten das soziale Leben der Bewohner bereits durch die Architektur eines Gebäudes bestimmen – durch die Anordnung der Räume eines Stockwerks, die Lage der Haustreppe in einem Wohnhaus, die Verbindungswege in einem Neubaugebiet und die Entfernungen zwischen Wohnungen und Häusern.

Ähnlichkeit der Einstellungen

Weder gutes Aussehen noch Kontakt werden zwei Menschen weiterhelfen, die ständig miteinander streiten, und deshalb scheint die Ähnlichkeit der Einstellungen für eine gute Freundschaft sehr wichtig zu sein. Man beobachtete 16 Wochen eine Gruppe von Studenten, die zusammenlebten und sich bereits lange Zeit kannten, um herauszufinden, wer mit wem Freundschaft schloß. Der Psychologe Ted Newcomb, der diese Untersuchung leitete, stellte fest, daß Personen mit ähnlichen Einstellungen sich auch anfreundeten, allerdings nahm das eine gewisse Zeit in Anspruch.

Newcombs Untersuchung zeigt, daß ein Annäherungsprozeß stattfindet; darüber hinaus entwickelt sich eine zunehmende Konformität, d. h. die Individuen schließen sich den Ansichten der Majorität einer Gruppe an. Zunächst geben sie nur vor, damit übereinzustimmen, aber später kommt es zur Internalisierung: Sie haben ihre Ansicht wirklich geändert.

Personen werden stärker voneinander angezogen, wenn sie in wichtigen Dingen und nicht nur in Nebensächlichkeiten übereinstimmen. Obwohl Freunde nicht in jeder Hinsicht konforme Ansichten vertreten müssen, so ist ihr Verhältnis doch um so freundschaftlicher, je größer die Übereinstimmung ist.

Müssen Menschen neben ähnlichen Ansichten auch ähnliche Persönlichkeitsstrukturen besitzen, um sich gegenseitig anzuziehen? Vieles weist darauf hin, daß dies nicht ausschlaggebend ist. Zwei introvertierte Menschen werden nicht unbedingt besser miteinander auskommen als ein introvertierter und ein extravertierter.

Sollten sie sich in anderer Hinsicht ähneln? Es ist vorteilhaft, wenn sie von gleicher Intelligenz sind, aus derselben sozialen Schicht kommen, einen ähnlichen Erfahrungshintergrund und ähnliche Interessen haben.

Warum führen Gemeinsamkeiten zu Freundschaft? Sie befähigen Menschen, Erfahrungen zu teilen, darüber zu sprechen, Dinge gemeinsam zu tun und einander zu helfen. Ähnliche Ansichten bestärken auch die eigene Weltanschauung. Stellen Sie sich vor, jemand widerspricht einer Auffassung, die Sie nachdrücklich vertreten. Dies kann bedeuten, daß Sie sich irren, und Sie in Verlegenheit bringen, wenn Sie sich bloßgestellt glauben.

Wenn zwei Menschen sich sympathisch finden, sich häufig sehen und ähnliche Ansichten und andere Gemeinsamkeiten haben, stehen die Chancen gut, daß sie sich anfreunden. Leider treffen diese Faktoren nicht immer zusammen. Angenommen, Lothar und Stefan finden sich sympathisch, vertreten aber unvereinbare religiöse Ansichten. Anstatt die Freundschaft aufzugeben, könnten sie die Religion als irrelevantes Thema ausklammern, oder einer von beiden könnte sich Illusionen über das Ausmaß der Ablehnung seiner Religion von seiten des anderen machen. Eine Befragung von Verheirateten ergab, daß sie glaubten, die politischen Ansichten des anderen seien nahezu identisch mit den eigenen. In Wirklichkeit vertraten die Partner beinahe immer verschiedene politische Ansichten.

Das Bedürfnis nach Zustimmung kann dazu führen, daß wir denen, die *tatsächlich* unsere Meinung teilen, positive Eigenschaften zuschreiben. Man forderte Testpersonen auf, einen Fremden zu beurteilen, der ihre Ansichten teilte. Sie hielten ihn für intelligent, bestens informiert, moralisch und gewandt. Den Fremden mit anderen Ansichten sah man demgegenüber in allen Aspekten negativ.

Übereinstimmende Ansichten können selbst solch objektive Aussagen beeinflussen wie Größenangaben. Personen, die man ablehnt, hält man für kleiner als solche, die man sympathisch findet. Präsident Lyndon Johnson wurde von seinen Anhängern für körperlich größer gehalten als von seinen Gegnern.

Im Frühstadium einer Freundschaft sind neben dem Aussehen und den Einstellungen der Beteiligten noch andere Faktoren von Bedeutung. So kann der Zeitpunkt der Begegnung ungünstig sein; man ist vielleicht niedergeschlagen oder das Wetter ist schlecht; man hat Hunger oder Kopfschmerzen oder gerade den Kopf voller Lockenwickler.

C. Gouaux zeigte Testpersonen ernste oder lustige Filme, um sie traurig oder fröhlich zu stimmen, dann beschrieb er ihnen fremde Personen, die wenige, manche oder viele Einstellungen mit den Testpersonen teilten. Die ‚gutgelaunten‘ Testpersonen reagierten immer wohlwollender als die ‚traurigen‘.

Körperliches Wohlbefinden hat ähnliche Auswirkungen. Je unbehaglicher sich Menschen (z. B. durch extreme Temperaturen oder Luftfeuchtigkeit) fühlen, desto negativer reagieren sie auf andere. Abraham Maslow spricht in diesem Zusammenhang von einer Hierarchie der Bedürfnisse. An erster Stelle stehen die elementaren Bedürfnisse, u. a. das Bedürfnis, zu überleben. Solange sie nicht erfüllt sind, ist der Mensch nicht in der Lage, weniger elementare Befriedigung zu suchen.

Die Stadien einer Freundschaft

Erstes Stadium

Stellen Sie sich vor, Sie stehen auf einer kleinen Party zusammen mit ihrem Gastgeber Michael und einer attraktiven jungen Frau, die Sie nicht kennen, in einer Ecke. Michael stellt Sie der jungen Frau vor und sagt beim Weggehen: „Entschuldigt mich bitte, ich lege ein paar Platten auf." Sie und die junge Frau blicken sich stumm und verlegen an. Sie spüren, Sie müssen etwas sagen. Der amerikanische Psychologe J. Goldsmith befragte Testpersonen, welche der folgenden Bemerkungen sie in dieser Situation machen würden:

(a) „Hmm."
(b) „Da stehen wir nun und sehen uns stumm und verlegen an."
(c) „Ich habe den Verdacht, Michael will uns zusammenbringen."
(d) „Setzen wir uns doch, dann können wir uns besser unterhalten."

Es gelingt Ihnen, das Gespräch in Gang zu bringen. Sie sagt: „Erzählen Sie mir etwas über sich." Wie fahren Sie nun fort?

(a) „Ich mag attraktive Frauen, mit denen man eine dauerhafte Freundschaft führen kann."
(b) „Ich bin eigentlich nicht sehr interessant."
(c) „Erzählen Sie zuerst etwas über sich."
(d) „Wollen Sie etwas bestimmtes über mich wissen? Ich könnte zuerst etwas über meinen Beruf erzählen."

Im Verlauf des Gesprächs gewinnen Sie den Eindruck, die junge Frau interessiert sich nicht für Sie, da sie im Zimmer umherblickt. Sie stellen Ihr eine Frage über eine bestimmte Fernsehsendung, aber sie gibt keine Antwort. Sie sind sicher, daß sie nicht zugehört hat. Was sagen Sie?

(a) „Woran denken Sie?"
(b) „Entschuldigen Sie mich bitte; ich möchte mir die Hände waschen."
(c) „Ich glaube, ich muß noch etwas trinken. Kommen Sie mit?"

In allen Fällen wurde die letzte Antwort als beste angesehen.

Fortgeschrittene Stadien der Freundschaft gehen nicht selten in frühe Stadien der Liebe über.

Diese Beispiele zeigen Schwierigkeiten einer ersten Begegnung. Beide wissen wenig oder nichts über den anderen und haben deshalb kaum Gesprächsstoff. Sie fürchten beide, einen Fehler zu machen, und möchten auch nicht zu weit gehen für den Fall, daß sie dann doch keine Freunde werden. Aus diesen Gründen stellen wir an den Beginn einer Bekanntschaft normalerweise ‚sichere', eher formelle soziale Routinen

wie Begrüßung und Vorstellung. Hier ein paar der gebräuchlichsten Formeln im Umgang mit Unbekannten, etwa in einem Lokal oder einem Warteraum im Bahnhof:
„Schönes Wetter heute.“ *(belanglose Feststellung)*
„Haben Sie vielleicht ein Streichholz für mich?“ *(Bitte um eine Gefälligkeit)*
„Hier ist viel los heute Abend.“ *(Kommentar zur Situation)*
Hat man sich bereits ein- oder zweimal gesehen, ist sich aber noch relativ fremd, verläuft das Gespräch etwas anders. Hier ein amerikanisches Beispiel des Psychiaters Eric Berne:
„Hallo.“
„Hallo.“
„Ist es Ihnen heute warm genug?“
„Oh ja, aber es sieht nach Regen aus.“
Gespräche über das Wetter oder ähnliche nichtssagende Themen können lange Zeit aufrechterhalten werden. Auf der verbalen Ebene tauscht man keine Informationen aus, aber man schafft die Möglichkeit zum Austausch nonverbaler Signale. Es gibt kulturell festgelegte Konventionen, die bestimmen, wie lange dieses Anfangsstadium dauert. Für arabische Stammesführer z. B. waren drei Tage die Regel. An einem gewissen Punkt bricht die Konversation ab oder verlagert sich auf eine andere Ebene, und es kommt zum ‚Austausch der Identitäten‘, d. h. jeder sagt, ‚wer‘ er ist.
„Ich bin erst vor kurzem hierhergezogen.“
„Ich arbeite bei....“
In dieser Phase geben beide zu erkennen, ob sie eine Fortdauer der Beziehungen wünschen. Dies geschieht normalerweise auf der nonverbalen Ebene, d. h. nicht, indem man sagt: „Ich finde Sie nett. Wollen wir Freunde werden“, sondern durch Lächeln, Tonfall, Blick und Körperorientierung.
Die neuen Bekannten präsentieren sich in diesem frühen Stadium in einem vorteilhaften Licht. Dies geschieht meist mit entsprechender Bescheidenheit. Geprahlt wird mit eingeflochtenen Bemerkungen und weniger direkt: „Mein Sohn, er studiert Medizin, sagt mir, daß...“

Das zweite Stadium

Im zweiten Stadium haben die potentiellen Freunde ‚beschlossen‘, sich grundsätzlich sympathisch zu finden. Sie müssen jetzt das Terrain weiter erforschen, besonders hinsichtlich ihrer Ansichten und Gefühle.
Die Partner beginnen, mehr über sich zu erzählen. Sie sprechen über ihre Sorgen, über Eltern oder Ehepartner, über ihre Probleme, Schwächen usw.
Der britische Psychologe John Davis sorgte dafür, daß zwei Fremde sich über mehrere Wochen hinweg regelmäßig trafen. Er beobachtete, daß sie sich zunehmend über intimere Dinge unterhielten und daß sie sich im Grad der Intimität einander anpaßten, wobei der Offenere den Weg wies und der Verschlossenere folgte. In Mann-Frau-Konstellationen stellte Davis fest, daß die Männer üblicherweise das Tempo bestimmten, selbst wenn sie nicht den Anstoß gaben. Es überrascht, daß die Männer in dieser Untersuchung intimere Dinge über sich berichteten als die Frauen.
Die Soziologen Marvin Scott und Stanford Lyman berichten, daß der Stil der Interaktion in diesem zweiten Stadium lockerer wird. Je mehr Hintergrundinformationen geteilt werden, desto weniger werden Fakten ausgeschmückt, und man benutzt häufiger Dialekt oder Umgangssprache. Die

Partner machen gemeinsame Pläne, leihen und entleihen sich Dinge und helfen sich auf andere Weise. Auch das nonverbale Verhalten ändert sich. Sie sitzen und stehen enger beisammen, normalerweise Seite an Seite; wahrscheinlich blicken sie sich häufiger an und berühren sich öfter. Sie nehmen entspanntere Haltungen ein, das Gespräch fließt müheloser.

Sexuelle Attraktivität

Wir haben über die Faktoren gesprochen, die Attraktivität signalisieren und zu Freundschaft führen. Stehen Liebe und Sex im Mittelpunkt der Beziehung, kommen besondere Signale zum Einsatz. Desmond Morris hat in seinem Buch *Intimate Behavior* auf eine Reihe sexueller Signale hingewiesen, die hauptsächlich darauf abzielen, sexuellen Kontakt herzustellen, wobei dieser Kontakt der erste Schritt zur entstehenden Liebe ist.

Weibliche Signale

Frauen beherrschen ein weit aufwendigeres Repertoire an sexuellen Signalen als Männer; vermutlich weil die meisten Kulturen ihnen die Rolle des attraktiven Partners zuweisen, während die Männer die Rolle des ‚Verfolgers' übernehmen. Die Unterschiede zwischen der Anatomie des Mannes und der Frau deuten auf die offensichtlichsten Körperhinweise femininer Sexualität hin: Brüste, Gesäß, Beine, Hüfte und Taille, daneben Unterschiede in Teint, Gesichtsform und Haaren. Der Genitalbereich ist normalerweise unter Kleidung verborgen, aber Morris vertritt die Theorie, daß es genitale ‚Echos' wie Brüste für Gesäß, Lippen für Genitalien gibt, und daß Frauen diese Beziehung durch Büstenhalter und Lippenstift unterstreichen. Es liegen jedoch keine Beweise für diese Theorie vor. Neben den Körpersignalen kennen wir auch Verhaltenssignale – besondere Gesten, Körperhaltungen und Blickverhalten.

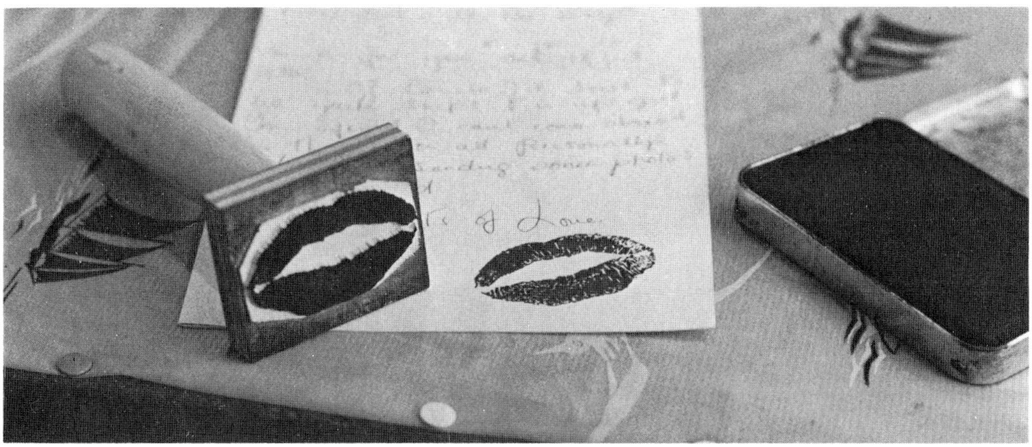

Besiegelt mit einem Kuß... oder ein aufforderndes Genitalsymbol.

Das Ende ist in Sicht – wenn es so gut gebaut ist, kann man dem Schicksal dankbar sein.

Was suchen Männer an Frauen?
Andrew Mathews, ein Wissenschaftler in Oxford, legte einer Gruppe Männer Bilder von völlig bekleideten, teilweise bekleideten oder völlig nackten Frauen vor. Es bestand relativ große Übereinstimmung darüber, welche der Frauen am begehrenswertesten waren. Sie wurden als attraktiv, verführerisch, anmutig, jung und schlank bezeichnet. Aber neben dieser Übereinstimmung ließen sich auch persönlichkeitsbedingte Unterschiede in der Beurteilung beobachten.
Nach einer allgemein verbreiteten Ansicht lassen sich Männer in drei Gruppen einteilen und zwar nach ihren Präferenzen: ‚Brust-Männer', ‚Bein-Männer', ‚Gesäß-Männer'. Jerry Wiggins und seine Kollegen von der University of Illinois ließen eine Gruppe von Studenten die Silhouetten nackter Frauen entsprechend ihren Präferenzen beurteilen. Die Ergebnisse bestätigten die populäre Ansicht. Man stellte außerdem fest, daß sie nicht nur in der Wahl bestimmter weiblicher Formen übereinstimmten, sondern auch in Persönlichkeitsmerkmalen, Anschauungen und Interessen.

Männer, die Frauen mit großen Brüsten vorziehen, sind oft *Playboy*-Leser, Raucher, Sportler, extravertiert und ‚maskulin' in ihren Interessen, während Männer, die bekleidete Frauen mit kleinen Brüsten vorziehen, introvertiert, gehorsam, strenggläubig sind und wenig Alkohol trinken. Mathews zufolge werden introvertierte Männer von nackten, wohlproportionierten Frauen ‚überwältigt' und fühlen sich in Gesellschaft schlanker und ruhiger Frauen wohler.

Männer, die ein gut entwickeltes Gesäß liebten, zeigten ein starkes Bedürfnis nach Ordnung und Sauberkeit. Alle, die ein kleines Gesäß bevorzugten, waren mit ihrem Beruf ausgelastet und an Sport interessiert. Von den Bein-Männern bevorzugten die Extravertierten Frauen mit zierlichen Beinen, im Gegensatz zu den nichttrinkenden, eher unterwürfigen Männern, die sich für Frauen mit kräftigen Beinen interessierten.

Die Untersuchung läßt auch darauf schließen, daß ehrgeizige Männer, die gerne trinken, große Frauen bevorzugen, wohingegen Männer, die kleinere Frauen schätzen, im allgemeinen beharrlicher, weniger gesellig, gehorsam und religiös sind.

Es gibt Ergebnisse, die darauf hinweisen, daß auch die soziale Klasse eine Rolle dabei spielt, was ein Mann an einer Frau als attraktiv empfindet. Man legte einer Gruppe von Männern unter ihnen Psychiater, Psychologen, College-Pförtner, Hausmeister und Soldaten fünfzig Fotos von Frauen vor – 1/3 bekleidet, 1/3 im Bikini und das letzte Drittel nackt, und forderte sie auf, die Frauen unter dem Gesichtspunkt einer möglichen Ehepartnerin oder einer zeitweiligen Sexualpartnerin zu beurteilen.

Manche Frauen gefielen allen Männern; aber Pförtner und Soldaten bevorzugten großbrüstige, nackte Frauen, die Psychologen zogen junge, bekleidete Frauen vor, deren Arme und Beine unbedeckt waren, und die unkonventionell oder provokativ wirkten. Bei der Wahl möglicher Ehepartnerinnen tendierten alle Männer zu attraktiven, aber konventionell gekleideten Frauen und nicht zu Frauen in aufreizenden und provokativen Posen.

Persönlichkeit, sozialer Status und seine Absichten beeinflussen neben der kulturellen Norm das Urteil eines Mannes über eine Frau.

Was suchen Frauen an Männern?

Die Umfrage der New Yorker Zeitung *Village Voice* räumte mit der populären Vorstellung auf, daß Frauen an Männern vor allem einen muskulösen Oberkörper, breite Schultern und einen großen Penis bewundern, besonders wenn er durch enge Hosen betont wird. Laut Umfrage bevorzugten die Frauen Männer mit einem kleinen Gesäß. Auf Platz zwei und drei folgten Größe und Schlankheit.

Die Wirklichkeit sieht jedoch etwas komplizierter aus. Als Andrew Mathews und seine Kollegen die Umfrage in England wiederholten, wobei die Frauen Bilder von teils bekleideten, teils unbekleideten Männern beurteilen sollten, stellten sie fest, daß Schichtunterschiede das Urteil der Frauen stark beeinflußten. Krankenschwestern und Putzfrauen bevorzugten muskulöse Männer, während Angestellte diese abstoßend fanden. Sie bevorzugten Männer, die bekleidet waren, schlank und sensi-

bel wirkten – in ihrem Urteil glichen sie ihren männlichen Kollegen in Hinblick auf Frauen.
Die Präferenzen einer Frau stehen auch in Relation zu ihrer Persönlichkeit. Paul Lavrakas interviewte in Chicago eine große Anzahl Frauen und stellte fest, daß extravertierte, sportliche Frauen muskulöse Männer liebten, wohingegen neurotische, radikale Frauen, die Medikamente nahmen, eher zu schlanken Männern neigten. Konservativ denkende, relativ ältere Frauen bevorzugten kräftigere Männer. Alle Frauen bevorzugten Männer mit einem V-förmigen Körper – schlanken Beinen, schmalen Hüften und einem breiteren Oberkörper.
Angeblich ist die körperliche Attraktivität des Mannes für eine Frau nicht so wichtig. Sie lege größeren Wert auf andere Eigenschaften wie soziale Stellung und Intelligenz. Zumindest sagen Frauen das. Wie die folgende Untersuchung erkennen läßt, sieht die Wahrheit jedoch etwas anders aus.

Die Bedeutung körperlicher Attraktivität

Man befrage junge Leute im heiratsfähigen Alter, was sie von einem Partner oder einer Partnerin erwarten, und sie nennen Dinge wie: einen guten Charakter, Aufrichtigkeit, Zuneigung usw. Sexuelle Attraktivität steht auf der Liste der Prioritäten weit unten. In der Praxis jedoch orientieren sie sich anders. Die Psychologin Elaine Walster organisierte an der University of Minnesota eine Tanzveranstaltung, bei der die Paare vom Computer zusammengestellt wurden. Alle Teilnehmer erhielten einen Fragebogen und sollten beantworten, wie sehr sie wünschten, ihren Partner bzw. ihre Partnerin wiederzusehen.
Es ergab sich, daß körperliche Attraktivität eindeutig den Ausschlag gab, Intelligenz und Persönlichkeit aber weit unten rangierten.
Weshalb ziehen Menschen attraktive Partner vor? Erstens schreiben wir attraktiven Menschen alle möglichen positiven Eigenschaften zu. Außerdem hebt es den eigenen Status, einen attraktiven Partner zu haben. Harold Sigall und David Landy fanden heraus, daß Beobachter einem Mann positive Eigenschaften zuschreiben, von dem sie wissen, daß er eine attraktive Freundin hat.

Stadien der ‚Werbung'

Wie bei der Freundschaft gibt es auch bei der Liebe Stadien und Schritte.

Stadium I: Flirten

Man stelle sich eine Party vor, auf der sich ein junger Mann und eine junge Frau zum ersten Mal begegnen und sich attraktiv finden. Der New Yorker Psychiater Albert Scheflen sagt, daß in ihnen (weitgehend unbewußt) eine Reihe körperlicher Veränderungen auftreten, die sie in ein Stadium der Bereitschaft versetzen. Die Körpermuskeln spannen sich, schlaffe Haltung verschwindet, sie stehen aufrechter, beim Mann weitet sich der Brustkorb. Der Bauch wird eingezogen, und die Beinmuskeln straffen, die Pupillen weiten sich und lassen die Augen strahlen.
Noch während diese Veränderungen auftreten, machen Mann und Frau bestimmte Gesten, die sich als ‚Putz'-verhalten interpretieren lassen. Die Frau wird sich Frisur und Make-up richten oder ihre Kleider in Ordnung bringen. Der Mann kämmt sich

Die Werbung des Homo sapiens – ein langsam kreisender Tanz mit ausgeprägtem ‚Putzverhalten'.

die Haare, richtet die Krawatte oder zieht vielleicht sogar die Socken hoch. Sobald sie miteinander sprechen, treten weitere Veränderungen in Gesten und Haltung auf: Sie wenden Körper und Kopf einander zu, damit sie sich ansehen können, beugen sich vor und synchronisieren ihre Gesten und Körperhaltungen in einem ‚Tanz der Bewegungen'.

Der Mann wird vielleicht ‚intim', und die Frau ‚flirtet' mit den Beinen. In diesem Stadium ist die Bedeutung dessen, was gesagt wird, weniger wichtig. Nonverbale Signale von Körper und Stimme spielen eine größere Rolle. Verbal durchläuft das Paar das erste Stadium einer intimen Beziehung: Sie sprechen über das Wetter oder ähnliche nichtssagende Themen, – um den Körper sprechen zu lassen. Dies ist ein Mittel, um das ‚Gesicht' zu wahren, und erlaubt jedem Partner, nonverbale Hinweise auf sexuelles Interesse oder Desinteresse zu empfangen. So vermeidet man unnötige Verlegenheit, die die Ablehnung eines verbalen Antrags hervorrufen würde.

Gerald Clore und seine Kollegen an der Universität of Illinois haben eine Reihe von Signalen beschrieben, durch die eine Frau zu erkennen gibt, ob sie einen Mann attraktiv findet oder nicht, ohne dabei ein Wort zu sprechen. Sie blickt ihm in die Augen, lächelt mit leicht geöffnetem Mund, gestikuliert in seine Richtung, berührt seine Hand etc.

Sie ist desinteressiert, wenn sie ihn ‚kalt' anblickt, die Stirn runzelt, den Blick durchs Zimmer schweifen läßt, ihre Fingernägel betrachtet und sich geistesabwesend verhält.

Ein interessierter Mann verhält sich ähnlich. Es kommt zu einem intensiven Blickkontakt, man sitzt eng beisammen und lächelt.

Das nächste Stadium der Beziehung ist die ‚Verabredung'. In der westlichen Kultur ergreift normalerweise der Mann die Initiative zur ersten Verabredung, aber vermutlich ist es eine gemeinsame Entscheidung. Der erste körperliche Kontakt, der in der westlichen Gesellschaft die Beziehung eindeutig vom sozialen ins sexuelle Gebiet verlagert, bringt die Entscheidung. Diesen Übergang empfinden viele Männer als schwierig. Ein Teil der Probleme entsteht dadurch, daß bis zu diesem Moment nur Nicht-Kontakt-Signale benutzt wurden, um Interesse zu zeigen. Das hat den Vorteil, in der frühen Phase unverbindlich zu bleiben, aber die Signale können trotzdem vieldeutig sein. Es kommt der ‚Moment der Wahrheit, wenn der Kontakt' hergestellt ist, das Risiko gewagt und eine mögliche Zurückweisung in Kauf genommen werden muß.

Zum ersten Körperkontakt kann es in verschiedenen Stadien der Beziehung kommen. Zwischen Männern und Frauen herrschen viele Mißverständnisse darüber, was sie von der ersten Verabredung erwarten, bzw. was der Partner ihrer Meinung nach erwartet. Bei einer Befragung amerikanischer Collegestudenten gab nur die Hälfte der Männer und Frauen an, sie erwarteten im Verlauf der ersten Verabredung einen Kuß oder wünschten ihn, aber beinahe Dreiviertel glaubten, ihr Partner erwarte es von ihnen.

Wie bei einer Freundschaft werden die Gesprächsthemen mit jedem Treffen intimer. Auch der Grad sexueller Intimität nimmt schrittweise zu. Desmond Morris beschreibt zwölf Stadien, beginnend mit dem ersten Blick bis zum Beischlaf. Zu den ersten drei Stadien gehören Kontakte wie Berührungen der Hände, in Form eines Händedrucks oder als eine Art Hilfestellung, die später zu einer intimeren Erkundung des Körpers des Partners führen. Morris beschreibt die Stadien folgendermaßen:

Auge – Körper
Auge – Auge
Stimme – Stimme
Hand – Hand
Arm – Schulter
Arm – Hüfte
Mund – Mund

Stadien fünf bis neun auf der Morris-Skala sexueller Annäherung.

Hand – Kopf
Mund – Brust
Hand – Genitalien
Genitalien – Genitalien

Ein fortgeschritteneres Stadium umfaßt auch

Mund – Genitalien

Die Zahl der Schritte ist willkürlich, ihre Abfolge vermutlich jedoch nicht. Gerhard Nielsen, ein Wissenschaftler in Kopenhagen analysierte das Werbeverhalten ebenfalls und beschreibt 24 Schritte. Er spricht davon, daß die Schritte des Mannes und die dadurch ausgelösten Schritte der Frau einer ‚zwingenden Ordnung' unterlägen. Drücke der Mann die Hand der Frau, müsse er warten, bis sie den Druck erwidere und Zustimmung signalisiere, ehe er den nächsten Schritt tun könne.

Ein Mann oder eine Frau wird demnach als ‚schnell' oder ‚langsam' eingestuft auf Grund der Einhaltung der Reihenfolge der Schritte und weniger aufgrund der Zeit, die für jeden Schritt benötigt wird.

Stadium 2: Verlieben

An einem gewissen Punkt kann die Beziehung in das nächste wichtige Stadium übergehen: das Verlieben. Was bedeutet das? Ist Liebe mehr als intensive Zuneigung zu einem Menschen? Zick Rubin stellte fest, daß bei Paaren, die sich liebten und bereits

länger kannten, beide Partner *Liebe* in ähnlicher Intensität empfanden. Viele Frauen sprachen aber nicht von Liebe, sondern hatten den Mann gern. Liebe bedeutete, mit dem geliebten Menschen viel zusammenzusein, alles für ihn zu tun und ihm buchstäblich alles sagen zu können. ‚Gernhaben' bedeutete, den anderen als besonders geeigneten Partner zu empfinden, ihm gutes Urteilsvermögen zuzusprechen und viele Gemeinsamkeiten mit ihm zu besitzen.
Vielleicht sind Männer romantischer veranlagt als Frauen, da sie verliebt sein müssen, um eine dauerhafte Beziehung einzugehen, während Frauen unter Umständen damit zufrieden sind, den Partner gernzuhaben, mit dem sie ausgehen.
Offensichtlich ist der allgemein verbreitete Glaube falsch, Frauen seien romantischer als Männer, zumindest was die Eheschließung anbelangt. Vieles spricht dafür, daß Frauen bei der Wahl des Ehepartners weit rationaler vorgehen; sie suchen Sicherheit und soziale Stellung und unterdrücken aus praktischen Überlegungen ihre wahren Gefühle.
Für viele Menschen besteht anscheinend ein deutlicher Unterschied zwischen gernhaben und lieben. Carl Ridley und Arthur Avery befragten eine große Anzahl junger Menschen, wie wichtig für sie die Faktoren seien, aus denen sich eine heterosexuelle Beziehung zusammensetzt. Sie stellten fest, daß sowohl bei Liebe als auch bei Freundschaft persönliche Attraktivität und der Zeitraum der Bekanntschaft eine Rolle spielten. Liebende, von denen viele verlobt waren, hatten Bedürfnis nach sexueller Intimität und ‚Paarsolidarität', anders als Freunde, für die Vertrautheit, Aufrichtigkeit und Offenheit wichtiger waren.
Einer der bedeutendsten Meilensteine in der Psychologie der Sexualität war 1966 die Veröffentlichung von *Human Sexual Response* der amerikanischen Autoren William Masters und Virginia Johnson.
Sie beschrieben darin nicht nur zum ersten Mal detailliert, was während des Geschlechtsakts im Körper vor sich geht, sondern zeigten auch, wie wichtig der Annäherungsprozeß ist, der zum Höhepunkt der Vereinigung führt. Die meisten sexuellen Schwierigkeiten gehen nicht auf körperliche Ursachen zurück, sondern auf Störungen des psychischen Geschehens.
Sexualität ist für viele nicht ein Akt der Liebe, sondern ein schnell und ungeschickt vollzogener Akt körperlicher Entspannung. Eine zentrale Aufgabe der Sexualtherapie besteht darin, dem Paar zu helfen, Gefallen an sich selbst und aneinander zu finden. In den ersten beiden Stadien der Therapie ist ihnen ein Koitus mit Orgasmus nicht erlaubt. Die Partner liebkosen sich abwechselnd; während der eine lernt, Genuß zu schenken, lernt der andere, Genuß zu akzeptieren. Dies ist eine schwierigere Aufgabe, als die meisten sich vorstellen. Aber es ist wichtig zu lernen, sexuellen Genuß zu verschaffen und zu erleben – was nicht möglich ist, solange die Partner nicht wissen, wie sie sich in richtiger Weise darüber verständigen können, was ihnen gefällt und was nicht. Nonverbale Signale helfen (Lächeln, Stirnrunzeln, Zeichen der Zufriedenheit oder der Unzufriedenheit), aber eine offene Aussprache ist noch wichtiger.

8. Soziales Verhalten in der Öffentlichkeit

In diesem Kapitel wenden wir uns unserem Verhalten in der Öffentlichkeit zu, d. h. Fremden gegenüber, auf der Straße, in Geschäften, Bibliotheken, in Menschenansammlungen und anderswo. Wir reagieren auf Fremde durch besonderes Körperverhalten, um uns und ihnen die gemeinsame Benutzung des Raums zu ermöglichen, und verhalten uns entsprechend formaler Rollen. Unser Verhalten wird auch hier durch soziale Schichtzugehörigkeit und kulturellen Hintergrund bestimmt.

Das Leben in unseren Großstädten erfordert ein besonders großes Repertoire sozialer Fähigkeiten. Wir benutzen denselben Bürgersteig, ohne zusammenzustoßen, wir teilen denselben Lebensraum und verhalten uns bei der Benutzung öffentlicher Einrichtungen kooperativ. Zwei einander entgegenkommende Fußgänger blicken sich in einer Entfernung von rund 3,50 m an, registrieren den anderen und sehen dabei genug, um einen Zusammenstoß zu verhindern. Beim Näherkommen vermeiden sie, sich anzusehen, was Erving Goffman ‚höfliche Gleichgültigkeit' nannte. Dies signalisiert, daß es nicht zu einer sozialen Begegnung kommt.

Peter Collett und Peter Marsh filmten mit einer Videokamera das Verhalten von Personen, die an einer bevölkerten Kreuzung die Straße auf einem Zebrastreifen überquerten. Sie stellten fest:

1. In London (wo die Autos links fahren) gehen die Passanten rechts aneinander vorbei.
2. Wenn sie links gehen wollen, kündigen sie dies durch eindeutige Körpersignale an.
3. Männer wenden sich beim Vorbeigehen einander zu, Frauen wenden sich ab.

In der Öffentlichkeit achten wir darauf, daß unser Verhalten nicht exzentrisch oder unverständlich erscheint. So wirkt plötzliches Umdrehen merkwürdig, wenn es nicht von Gesten begleitet wird, die andeuten, daß wir etwas vergessen haben. Goffman beschreibt dies als ‚Body Gloss' oder ‚körperliche Randbemerkung'.
Fremde sprechen auf der Straße normalerweise nicht miteinander. Möchte sich jemand nach dem Weg erkundigen, so muß er sich einem Passanten nähern, versuchen, Blickkontakt herzustellen, sich entschuldigen oder um Erlaubnis bitten, ihn ansprechen zu dürfen. Beginn und Ende dieser

AVEL & SPORTS CENTRE
uitcases Binoculars Umbrellas
Pizza

◀ *Raumaufteilung: Selbst in der Menge und in Eile gelingt es uns, den persönlichen Raum zu wahren.*

Begegnung werden von einer Körperbewegung signalisiert, die wir unbewußt alle verstehen.

Jeder Mensch besitzt etwa 0.9 qm *persönlichen Raum*. Wir legen Wert darauf, daß andere, besonders Fremde, dieses Territorium respektieren. In einer beinahe leeren Bibliothek läßt sich beobachten, daß eine Person aufsteht und den Platz wechselt, wenn sich eine andere zu dicht neben sie setzt.

Das gleiche geschieht, wenn der Neuankömmling hartnäckig auf die andere Person blickt und so in deren visuellen Bereich eindringt. Man hat beobachtet, daß Autofahrer, die an einer Ampel warten, die Kreuzung schneller verlassen, wenn Passanten sie anstarren.

Zwei Personen zeigen durch ihre Nähe, daß sie zusammengehören. Ihre Beziehung wird durch Körperkontakt und andere nonverbale Signale deutlich. Auch verbale Signale spielen eine Rolle. Experimente haben gezeigt, daß nur wenige Menschen zwischen zwei anderen hindurchgehen, die sich unterhalten. Wenn Sie mit einem Freund über die ganze Breite des Gehwegs sprechen, werden Sie beobachten, daß die Passanten sich dennoch bemühen, um Sie herumzugehen. Das beliebteste und ein-

Ein abgestellter Gegenstand markiert das Territorium bis zu zwei Stunden.

flußreichste Mitglied einer Gruppe geht normalerweise in der Mitte, während die weniger beliebten am Rand bleiben – physisch und sozial. Ein Gebiet läßt sich gegen das Eindringen anderer verteidigen, indem man Mäntel, Bücher oder andere persönliche Dinge ablegt, oder sich an der Längsseite eines Tisches auf den Mittelplatz setzt und in die Richtung blickt, aus der potentielle Eindringlinge kommen.

Schlange stehen ist in bestimmten Ländern eine vertraute Form öffentlichen Verhaltens. Dafür gelten bestimmte Regeln, besonders wenn man lange warten muß. Leon Mann beobachtete in Australien Personen, die die ganze Nacht vor einem Fußballstadion Schlange standen. Er stellte fest, daß manche sich abwechselten, d.h. jemand stand eine Stunde lang in der Schlange und war dann zwei oder drei Stunden vom War-

Die Kinder konzentrieren sich auf ein Ziel, der persönliche Raum ist vergessen.

ten befreit; andere machten den Anspruch auf ihren Platz geltend, indem sie Kartons oder Campingliegen zurückließen. Aber solche Markierungen wurden nur zwei oder drei Stunden respektiert und dann zur Seite geräumt.
Ein charakteristisches Merkmal des Schlangestehens ist die Körpernähe. Auch in Fahrstühlen, Bussen, U-Bahnen und Menschenansammlungen scheinen wir unser Bedürfnis nach dem persönlichen Freiraum zu vergessen. In solchen Situationen behandeln wir uns gegenseitig in gewissem Ausmaß als Objekte; wir sprechen nicht miteinander und sehen uns nicht an; es werden keine sozialen Signale ausgetauscht. Dadurch stellt sich das Problem zu großer Intimität nicht.

Formelles Verhalten

Ein Großteil unseres Verhaltens in der Öffentlichkeit ist nicht spontan, sondern wird von Regeln und standardisierten Mustern der Interaktion und verschiedenen Ritualen bestimmt.

Rollen

In einem Krankenhaus gibt es klar definierte Positionen: Patient, Krankenschwester, Arzt, Besucher. Zu jeder Position gehören spezielle Kleidung, spezielles Verhalten und eine spezielle Beziehung zu denen, die in einer anderen Position stehen. Die Rollen verzahnen sich, Patienten und Krankenschwestern übernehmen komplementäre Verhaltensweisen. Die Rollen bringen ein bestimmtes Maß an Einfluß mit sich, und es entsteht ein Kommunikationssystem; Ärzte z.B. sprechen nur selten mit Besuchern etc. Die Rollen lassen ihren Trägern einen gewissen Spielraum, besonders an der Spitze der Hierarchie. Die Mitglieder einer Organisation müssen lernen, ihr spontanes Verhalten zu unterdrükken, oder dürfen es nur in den Grenzen ihrer Rolle zeigen. Dies kann zu Konflikten zwischen Persönlichkeit und Rolle führen. Man hat zum Beispiel beobachtet, daß amerikanische Studenten von Universitäten zu Militärakademien überwechselten, deren Rollenspektrum ihrer Persönlichkeit mehr entgegenkam.
In der Gesellschaft spielen wir unsere Rollen als Männer oder Frauen einer bestimmten Altersgruppe und einer bestimmten sozialen Klasse. Wir signalisieren unseren Status, unseren Beruf und andere Rollen durch Aussehen, Aussprache, Verhaltensstil oder durch Worte. So zeigen Männer im mittleren Alter, die dem ‚Mittelstand' angehören, ganz bestimmte Verhaltensweisen, mit denen sie anderen Schichten gegenübertreten. Der Vorarbeiter einer Fabrik unterscheidet sich durch seine Kleidung von den Arbeitern und von der Geschäftsleitung. Aus seinem Erscheinungsbild läßt sich dennoch ablesen, ob er sich eher zu den Arbeitern oder zur Geschäftsleitung zählt.
Manchmal schreiben Rollen die Form des sozialen Umgangs bis in Einzelheiten vor. Das Gespräch zwischen einem Käufer und dem Angestellten eines Geschäfts, einem Kellner oder einem Bankangestellten kann nur einen relativ standardisierten Verlauf nehmen. Wir kennen etwa achthundert einfache Alltagsbegegnungen wie diese; dazu gehören der Gang in den Supermarkt, der Kirchgang, das Warten auf den Bus etc. Das ‚vollwertige' Mitglied der Gesellschaft muß sie alle beherrschen.

Die Massai müssen sich auf dem Weg zur Mannbarkeit einem gefährlichen ‚Durchgangsritual' unterziehen.

Rituale

Rituale sind standardisierte Muster sozialen Verhaltens, die mehr symbolisch als instrumental sind. Das Händeschütteln z. B. bezieht sich natürlich nicht direkt auf die Hand des anderen, sondern symbolisiert eine soziale Beziehung.

Nonverbale Signale spielen bei Ritualen eine wichtige Rolle. Die Macht eines Priesters oder eines Würdenträgers wird zum Beispiel durch das Auflegen der Hände unterstrichen oder durch symbolische Handlungen wie das Anlegen der Amtskette oder auch durch das Verspritzen von roter Farbe, das bei primitiven Fruchtbarkeitszeremonien das Menstruationsblut symbolisiert.

Soziale Klassen und Schichten

Ob es uns gefällt oder nicht, soziale Klassen, durch die Menschen sich voneinander unterscheiden, sind elementare Bestandteile der meisten Gesellschaften.

Die soziale Klasse oder Schicht hat großen Einfluß auf die zwischenmenschlichen Beziehungen. Wir verbringen zum Beispiel den größten Teil unserer Zeit mit Personen der eigenen Klasse – in der Familie, mit Freunden und in der Freizeit – jedoch nicht im Beruf, wo den Arbeitsbeziehungen eine größere Bedeutung zukommt. Verschiedene soziale Schichten begegnen sich in institutionellen Zusammenhängen, etwa beim Arzt, bei Behörden etc.

Strikt befolgte Rituale bei der japanischen Teezeremonie...

...und das Entzünden der Kerzen beim Sonnenuntergang vor dem jüdischen Sabat.

Informelle Beziehungen über die Klassen und Schichten hinweg sind selten. Man beobachtet sie zum Beispiel, wenn jemand auf der Straße einen Fremden nach dem Weg fragt. Mary Sissons unternahm auf dem Paddington Bahnhof in London ein Experiment: Ein Schauspieler kleidete sich am Morgen als Angehöriger der oberen Mittelklasse, am Nachmittag als Angehöriger der Arbeiterklasse und zeigte entsprechendes Benehmen und Sprechweise. Er fragte achtzig Personen nach dem Weg zum Hyde Park; die Begegnungen wurden gefilmt und analysiert.

Man stellte fest, daß Angehörige der Mittelklasse sich mit dem Schauspieler in seiner Mittelklassenrolle länger unterhielten und auch häufiger lächelten. Zwischen ihnen schien ein spontanes Einverständnis zu bestehen. Die Begegnungen wurden durch eindeutige Signale beendet: Man lächelte, tauschte Blicke und nickte. Die Angehörigen der Arbeiterklasse dagegen gingen einfach davon, nachdem sie Auskunft gegeben hatten. Für das allgemein erwartete ehrerbietige Verhalten gegenüber einem Angehörigen einer höheren sozialen Schicht gab es wenig Beweise.

Schichtunterschiede zeigen sich auch in der Sprechweise. Basil Bernstein von der London University stellte fest, daß Angehörige der Unterschicht in kürzeren Sätzen sprechen, Sätze häufig unbeendet lassen und bei Fragen häufigen Gebrauch von Personalpronomen machen. Peter Robinson untersuchte, wie Mütter die Fragen von Kindern beantworteten und beobachtete, daß die Mutter ihren Sprachstil an das Kind weitergibt. Nach Bernstein ist die Sprache der Unterschicht geeignet, Beziehungen innerhalb kooperativer Gruppen mit direktem Kontakt aufrechtzuerhalten, in denen die Personen konstante soziale Reaktionen suchen, während der kompliziertere ‚Code‘ der mittleren Sozialschichten unpersönlicher ist, weniger von einem lokalen Idiom beeinflußt wird, sich besser zur Administration und zu unpersönlichen Entscheidungsprozessen eignet. Auch in der Kindererziehung lassen sich Schichtunterschiede beobachten, die wiederum Unterschiede in der Persönlichkeitsentwicklung nach sich ziehen. So überwiegt in der Mittelschicht die Beschäftigung mit Langzeitzielen und Erfolg. Mittelschichteltern geben ihren Kindern häufiger Erklärungen, appellieren an ihre Vernunft und bringen den Kindern bei, über die Folgen einer Handlung nachzudenken. Sie verzichten weitgehend auf körperliche Züchtigung und Drohungen, geben weniger direkte Befehle und legen größeres Gewicht auf spätere Belohnungen. In Verbindung mit dem differenzierteren Sprachgebrauch führt dies bei den Kindern zu ‚innenkontrolliertem‘ Verhalten, zu der Verbalisierung von Plänen und Langzeitzielen.

Klassensysteme variieren von Land zu Land. Das indische Kastensystem ist eine interessante Spielart. Dort gibt es keine Annäherungen zwischen den Kasten; und selbst der räumliche Abstand, den die Mitglieder einer Kaste von denen einer anderen halten müssen, ist eindeutig festgelegt. Europäische Länder haben die früheren feudalen Sitten abgelegt. Wir beobachten heute dort größere soziale Mobilität, aber weniger Kontakt zwischen den Klassen. Es gibt noch immer große Unterschiede in Reichtum, Status und Lebensstil. In Großbritannien hat sich die neue Klasse der ‚wohlhabenden Arbeiter‘ gebildet mit dem

Wohlstand der Mittelklasse und der Lebenseinstellung der Arbeiterklasse. In den USA und Australien gibt es noch immer große materielle Unterschiede zwischen den Klassen, obwohl man großen Nachdruck auf Gleichheit und unkomplizierte Kontakte zwischen den sozialen Schichten legt.

Kulturelle Unterschiede

Die Begegnung mit Menschen anderer Kulturen kann viele Probleme aufwerfen. Denken wir an rassische Minderheiten im eigenen Land, an Besucher aus dem Ausland oder Begegnungen auf Reisen. Das unvertraute Verhalten der anderen kann bei uns Ablehnung, Mißverständnisse und Distanzierung hervorrufen.

Nonverbale Kommunikation

Dasselbe Signal kann in verschiedenen Kulturen unterschiedliche Inhalte übermitteln. In ‚Kontaktkulturen' z. B., in denen Berührungen allgemein üblich sind, kommt ihnen eine andere Bedeutung zu als in ‚Nicht-Kontaktkulturen'. Dies kann zu großen Mißverständnissen führen. Araber zum Beispiel berühren sich nicht nur während einer Unterhaltung, sondern stehen auch näher beisammen, wenden einander das Gesicht zu und suchen häufiger Blickkontakt. Dies kann einen Europäer dazu bringen, rückwärts oder seitlich auszuweichen, woraufhin die arabischen Gesprächspartner ihn verfolgen. Im Gesicht von Japanern lassen sich kaum Emotionen erkennen, denn Japaner zeigen nur selten Gefühle und v. a. keine negativen Gefühle. Wir beobachteten, daß Japaner Emotionen am Gesichtsausdruck von Engländern rascher und sicherer erkennen konnten als bei Landsleuten, obwohl auch die Engländer dazu neigen, ihre Gefühle zu verbergen. Italiener illustrieren oder kommentieren ihre Worte mit Gesten. Schwarze in den USA zeigen während des Gesprächs ein uns unvertrautes Blickverhalten – sie sehen den Gesprächspartner beim Zuhören seltener an als Weiße, so daß beide Seiten glauben können, der andere höre nicht zu. Frederick Erickson von der Harvard University stellte fest, daß dies Interviewer dazu führte, das Gesagte in einfacheren Worten zu wiederholen, da sie glaubten, der Schwarze habe sie beim ersten Mal nicht verstanden.

Verbale Kommunikation

Sprachbarrieren entstehen nicht nur durch unbekannte Worte und eine unbekannte Grammatik. Sie können subtiler sein und sich an unterschiedlichen Strategien des Sprachgebrauchs zeigen. In Irland und im Mittleren Osten z. B. ist besondere verbale Höflichkeit selbstverständlich, die beim Zuhörer Gefallen erwecken will und nicht darauf abzielt, Informationen zu übermitteln. Angehörige der Mittelklasse in Großbritannien sprechen oft bescheiden über ihre Leistungen, während in anderen Ländern Übertreibungen üblich sind. In Japan stellt man keine direkten Fragen, wenn man nicht sicher sein kann, daß die Antwort ‚ja' lautet, denn ‚nein' zu sagen, zieht Gesichtsverlust nach sich. Die höfliche amerikanische Art, durch eine Frage einen Befehl zu erteilen, kann von einem Ausländer leicht mißverstanden werden. Der französische Gebrauch von Personalpronomen *(tu, vous)* (entspricht der englischen Anrede mit den Vornamen) signalisiert auf subtile Weise sowohl Intimität als auch Status.

Geschenke können die Schwierigkeiten bei Begegnungen mit anderen Kulturen überbrücken.

Kulturelle Denkweisen und Wertvorstellungen

Jede Kultur hat Worte entwickelt, die ihr Weltbild reflektieren. So gibt es Kulturen, die den Regenbogen in andere ‚Farben' aufteilen; man benutzt ein oder mehrere Worte für Reis, Schnee – oder Psychologen –, wenn in einer Kultur solche Unterscheidungen eben von Bedeutung sind. Es kann Konzepte geben, deren Sinn für einen

Außenstehenden nur schwer zu begreifen ist. Wir messen heute Worten wie ‚Ehre' keine große Bedeutung mehr bei, aber wir haben neue Wertsysteme entwickelt wie ‚in sein', ‚Erfolg haben' etc.

Regeln und Konventionen

Die Regeln, die in einer sozialen Situation gelten, können sich von einer Kultur zur anderen erheblich unterscheiden. Kenneth Pike von der University of Michigan berichtet vom Fall einer jungen amerikanischen Missionarin, die beim Zusammentreffen mit einem Kannibalenhäuptling in Schwierigkeiten geriet, weil sie versuchte, ihn ‚zu Boden zu werfen' (Händeschütteln) und ihn ‚auslachte' (lächelte).

Fremde im Ausland werden oft von Regeln verwirrt, die sie nicht kennen, etwa beim Austausch von Geschenken, oder wenn etwa Kaufen und Verkaufen von den Regeln des Tauschhandels bestimmt werden. Sie müssen unter Umständen erst lernen, ohne Anstoß zu erregen zu essen und zu trinken und sich dem anderen Geschlecht gegenüber taktvoll zu verhalten.

Moralische Werte

Es gibt eine Reihe wichtiger Bereiche, in denen die Kulturen unterschiedliche Moralvorstellungen, Glaubenshaltungen und Ideale vertreten. Es gibt Gesellschaften, in denen es als unwichtig angesehen wird, die Wahrheit zu sagen, und die Normen des Sexualverhaltens variieren zwischen den Völkern ebenso wie zwischen den Generationen. In Ländern, in denen Krieg nichts Außergewöhnliches ist, wird Aggressivität durchaus gebilligt. Auch ganz unterschiedliche Lebensstile finden sich – etwa die spontane, unverkrampfte und optimistische Grundeinstellung der Südländer gegenüber der disziplinierten, arbeitsamen und puritanischen ‚protestantischen Ethik'. Milton Rokeach stellte fest, daß gegen Leute mit andersartigen Moralvorstellungen größere Vorurteile bestehen als gegen Menschen mit anderer Hautfarbe.

Hilfsbereitschaft

Hilfsbereitschaft erscheint denjenigen Psychologen als paradoxe Verhaltensweise, die zu der Annahme neigen, daß unser Verhalten generell auf Befriedigung der eigenen Bedürfnisse ziele und nicht auf die eines anderen. Es gibt aber gute Gründe anzunehmen, daß die Sorge für andere Menschen ein Element menschlicher und auch tierischer Natur ist. Der Affe in einem Käfig, der viele Bananen hat, wird sie mit dem Affen im Nebenkäfig, der keine hat, oft spontan teilen. Tut er das nicht, so läßt er sich vermutlich durch das Betteln des anderen erweichen. Man hat beobachtet, daß es Schimpansen sehr schwer fällt, den Bitten eines Artgenossen nicht nachzugeben.

Demgegenüber steht das berühmte (oder berüchtigte) Experiment von Stanley Milgram, in dem er zeigte, daß Testpersonen auf Befehl bereit waren, einem Mann, der Fehler gemacht hatte, tödliche Elektroschocks zu versetzen. Aber andere Untersuchungen wie die von R. F. Weiss und Kollegen ergaben, daß Testpersonen erleichtert Elektroschocks unterbrachen, unter denen ein anderer zu leiden hatte, auch wenn sie selbst keinen Nutzen davon hatten.

Kindheitserfahrungen beeinflussen fürsorgliches Verhalten. Wenn die Eltern al-

Eine Gruppe wird einem gestürzten Mann weniger wahrscheinlich helfen als ein einzelner Passant – aber alle würden einem guten Beispiel schnell folgen.

truistisches Verhalten ihrer Kinder ermutigen und belohnen, werden die Kinder allmählich Helfen mit Belohntwerden assoziieren. Jemand, dem überschwenglich dafür gedankt wird, einem Fremden den Weg gezeigt zu haben, wird mit doppelt so großer Wahrscheinlichkeit kurz darauf einem anderen helfen, eine herabgefallene Tasche aufzuheben. Vorbilder sind ebenfalls wichtig, um Verhalten zu beeinflussen. Jemand, der für wohltätige Zwecke sammelt und sich zuerst an einen großzügigen Spender wendet, wird von der nächsten Person ebenfalls eine große Spende erhalten, wenn diese den Vorgang beobachtet hat, – ein Prinzip, das allen Spendensammlern sehr wohl vertraut ist. Das gute Beispiel ist wirkungsvoller als alle Überredungskünste. Menschen sind hilfsbereiter, wenn Hilfsbereitschaft ihrer Gruppe oder Gemeinschaft an der Tagesordnung ist. In manchen Gesellschaften wird von bestimmten Gruppen wie Ärzten oder Lehrern erwartet, daß sie denen helfen, für die sie verantwortlich sind. In anderen Ländern gilt das Gebot der Gegenseitigkeit, d. h. es wird ein Geschenk erwartet, oder wie wir sagen würden, eine ‚Bestechung'.

Normen können Hilfsbereitschaft aber auch unterdrücken. In Großbritannien und Amerika wird jemand einer Person, die in Schwierigkeiten ist, kaum helfen, wenn andere Personen den Vorgang ebenfalls beobachten, ohne etwas zu unternehmen. Es herrscht offensichtlich die Norm der Gleichgültigkeit. Experimente und tatsächliche Begebenheiten haben dies bestätigt; man denke etwa an den bekannten Fall der Ermordung von Kitty Genoves (1969 in New York) unter den Augen von achtunddreißig Personen, von denen ihr keine zu Hilfe kam oder auch nur die Polizei rief.

Welche Menschen sind besonders hilfsbereit? Wir haben bereits gesehen, daß Kindheitserfahrungen wichtig sind. Ein Mensch wird einem anderen aber auch dann eher helfen, wenn er die Probleme des anderen schon einmal am eigenen Leib erfahren hat. Peter Burley hat festgestellt, daß die soziale Intelligenz bei hilfsbereiten Personen sehr hoch ist, d. h. sie sind in der Lage, Gedanken und Gefühle anderer zu verstehen und soziales Verhalten richtig zu interpretieren. Andere Untersuchungen haben ergeben, daß Personen in vertrauten Situationen hilfsbereiter sind, d. h. wenn sie wissen, was zu tun ist. Wirkungsvoll zu helfen ist oft nicht nur eine Frage des guten Willens, sondern erfordert das Wissen und die Erfahrung eines Experten.

Abweichende Gruppen

Eine Person, deren Verhalten von wichtigen sozialen Normen abweicht, wird von vielen Menschen abgelehnt. Mehrere Personen mit gleichem Verhalten bilden oft Gruppen, etwa rassische Minderheiten, Homosexuelle, Drogensüchtige und Körperbehinderte.

Wen das ‚normale' Leben in der Gemeinschaft nicht zufriedenstellt, ist motiviert, sich einer devianten Gruppe anzuschließen, die Freundschaft, eine neue Identität, Vergnügungen und Erlebnisse bietet sowie Befriedigung und Belohnung. Innerhalb der devianten Gruppen kann es ‚Karrieren' mit verschiedenen Stationen des Aufstiegs geben. Peter Marsh, ein Psychologe an der Oxford University, stellte fest, daß die *‚Hooligans'* (eine englische Jugend-Gang) keineswegs die kriminellen Außenseiter sind, zu denen sie die Massenmedien abgestempelt haben. Unter ihnen herrscht eine festgelegte Rangordnung, die auch an der Kleidung sichtbar wird. Die wirklichen Raufbolde sind die *‚nutters'*, Außenseiter selbst unter dieser Außenseitergruppe.

Deviante Personen müssen von anderen als solche erkannt und etikettiert werden, bevor die Gesellschaft sie ablehnt und auf sie als Außenseiter reagiert. Die Etikettierung kann das Selbstbild der Betroffenen beeinflussen, wie im Fall der *Hooligans,* deren Schlachtruf stolz verkündet: ‚Wir sind die berühmten Fußball-*Hooligans*'.

Die Etikettierung durch Polizei und Massenmedien bewirkt in der Gruppe eine Verstärkung des abweichenden Verhaltens. Die Gruppenmitglieder akzeptieren die Stereotypen, die man ihnen vorwirft. Sie sehen sich von der übrigen Gesellschaft isoliert und stehen außerhalb der normalen Prozesse sozialer Kontrolle. Diesen Vorgang konnte man in den sechziger Jahren an den Drogensüchtigen beobachten, die zunehmend isoliert und zunehmend deviant wurden.

9. Soziales Versagen

Wir wollen uns jetzt Herrn A zuwenden, der die oben beschriebenen sozialen Fertigkeiten gut beherrscht, und ihn mit Herrn Z vergleichen, einem typischen sozialen ‚Versager'.
Herr A eröffnet eine informelle Begegnung auf der Straße mit einer freundlichen und den Kontakt herstellenden Geste: Er hebt die Augenbrauen und winkt. Er nähert sich seinem Gesprächspartner und bleibt etwa 1,20 m bis 50 cm von ihm entfernt stehen, je nachdem wie gut sie sich kennen. Nach dem Austausch von Begrüßungsworten und Komplimenten stellt Herr A Fragen, ‚belohnt' den anderen für seine Antwort durch Kopfnicken, zustimmende Laute, Lächeln und verbale Kommentare. Von Zeit zu Zeit spricht er selbst und achtet darauf, daß er ungefähr ein bis zwei Drittel der Gesprächsdauer zu Wort kommt. Während er spricht, sendet er einen ununterbrochenen Strom nonverbaler Signale: Blicke, Gesten, Kopfbewegungen, Veränderung der Haltung usw. Er variiert Lautstärke, Tonhöhe, Sprechgeschwindigkeit, um seinen Worten Bedeutung und Nachdruck zu verleihen.

Bringt Herr A seinem Gesprächspartner freundliche Gefühle entgegen, so zeigt er dies durch Lächeln und Blickkontakt. Er beugt sich in offener Haltung nach vorne und spricht mit angenehmer, leiser Stimme. Wenn beide Partner sich sehr nahestehen, so werden sie unbewußt in eine Art synchronisierten ‚Tanz der Bewegungen' geraten, wobei sie sich vorwärts und rückwärts neigen und die Gesten des anderen adaptieren. Fühlt sich Herr A als der dominante Partner, wird er entweder mit geraden Schultern und erhobenem Kopf aufrecht sitzen oder sich lässig zurücklehnen und die Beine ausstrecken. Während der Unterhaltung wird er den anderen von Zeit zu Zeit durch Blicke ‚niederzwingen', sich dann wieder abwenden oder durch ihn hindurchstarren. Er wird ihn unterbrechen, viele Fragen stellen und Ratschläge erteilen. Außerdem wird er die Initiative ergreifen, um den Beginn oder das Ende der Unterhaltung zu signalisieren oder auch einen Themenwechsel einzuleiten.

Den Anschluß verpaßt... wer sich so abweisend verhält, bietet anderen keine ‚Belohnung'. ▶

Herr Z tut wenig oder nichts von all diesen Dingen. Nähert er sich einem Bekannten, blickt er wie gebannt auf seine Füße und geht weiter. Wird er angehalten und begrüßt, kann es sein, daß er noch immer nicht aufblickt und ihm als Antwort nur ein Murmeln gelingt. In Gesellschaft sitzt er vermutlich abseits von allen anderen, mit abgewandtem Körper, gesenktem Kopf, ausdruckslosem Gesicht, hängenden Schultern, gekreuzten Armen und Beinen. Fragen beantwortet er einsilbig und oft so leise, daß man ihn nicht versteht. Es ist sehr schwer, seine abwehrende Haltung zu durchdringen, und man neigt allgemein zu der Ansicht, daß es die Anstrengung gar nicht lohnt.

Herr A begibt sich mit einem bestimmten Motiv in eine Situation; vielleicht will er eine neue Freundschaft schließen, einen guten Eindruck machen, etwas erzählen oder einfach angenehme fünf Minuten verbringen. Er hat einen Plan, wie er zum Ziel kommt – allerdings nicht notwendigerweise einen bewußten Plan.

Er schätzt die Situation ein, versteht die sozialen Signale und entscheidet sich für ein Vorgehen. Aus seinem Repertoire von Fähigkeiten wählt er diejenige, von der er sich die gewünschte Wirkung erhofft: dominieren, überreden, verführen oder provozieren. Die Erfahrungen aus vielen vorausgegangenen Situationen sagen ihm, was in der Situation von ihm erwartet wird – höfliche Konversation auf einer Cocktailparty, Fragen an den Vorsitzenden bei einer Konferenz. Er kennt die Regeln und wendet sie zu seinem Vorteil an, etwa wie ein Schachspieler, der das Spiel gewinnen will.

Herr Z hat demgegenüber kein wirkliches Motiv und auch keinen Plan. Er nimmt die subtilen nonverbalen Botschaften seiner Umwelt nicht wahr, da er normalerweise seinen Blick abwendet. Er besitzt nur ein begrenztes Repertoire an sozialen Fähigkeiten und ist sich der Wirkung seines Verhaltens nicht bewußt. Ohne es zu beabsichtigen, sendet Herr Z negative Signale wie Kälte oder Feindseligkeit aus, was jedoch dazu führt, daß andere ihn meiden oder ablehnen. Er empfindet andere als unfreundlich und gehässig; soziale Begegnungen sind für ihn schwierig und qualvoll. Schließlich wird er sich mit seinem Panzer umgeben und in Einsamkeit Trübsal blasen. Er wird zunehmend depressiver und spielt vielleicht sogar mit dem Gedanken an Selbstmord.

Eine Reihe von Untersuchungen hat gezeigt, daß viele psychisch Kranke nicht wirklich krank sind. Sie beherrschen lediglich gewisse soziale Fertigkeiten nicht, manche haben sie nie gelernt und erleben in sozialen Situationen Angstzustände. Andere werden in bestimmten Fällen von ihren Fähigkeiten im Stich gelassen, wieder andere können nur eine einzige Botschaft signalisieren, unabhängig von ihren wahren Gefühlen. Es gibt dominante Menschen, die zu Liebe und Freundschaft unfähig sind. Andere wiederum sind liebenswert und beliebt, besitzen aber keine Autorität und werden ausgenutzt.

Ausdrucksvermögen

Wir haben festgestellt, daß die Körpersprache Gefühle wie Zorn, Freude, Zuneigung, Liebe und Dominanz deutlicher ausdrückt als verbale Äußerungen. Es kann dabei aus zwei Gründen zum Versagen kommen: entweder gelingt es nicht, die Körpersprache zu benutzen, d. h. es werden nichtssagende,

Der Mann zur Linken „schottet" sich mit den Händen vor seiner Umgebung ab.

ausdrucks- und bewegungslose Haltungen eingenommen oder es werden falsche Botschaften signalisiert. Man wirkt zum Beispiel verführerisch und nicht schüchtern oder feindselig und nicht verärgert. Im ersten Fall berichten die Betroffenen, daß sie zwar kommunizieren wollen, aber nicht dazu in der Lage sind. Im zweiten Fall glauben sie zu kommunizieren, haben aber eine falsche Vorstellung von den Botschaften, die sie senden. Ihnen ist wenig oder kaum bekannt, welche Wirkung sie auf andere haben.

Gespräch

Ein Gespräch braucht einen Sprecher und einen Zuhörer. Versagen in einer der beiden Rollen führt zum Abbruch des Gesprächs. Viele psychiatrische Patienten sind schlechte Zuhörer. Sie geben dem Sprechenden kein Feedback; sie suchen zu selten Blickkontakt, sie vergessen zu nicken, zu lächeln oder verbale Kommentare abzugeben.

Sie sind auch keine guten Redner; sie reden sehr kurz (10 Prozent oder weniger der Gesprächsdauer) und über Themen, die langweilig (etwa das Wetter) und unpassend sind oder Verlegenheit hervorrufen („mein Sexualleben ist hoffnungslos" oder „meine Operation…"). Sie wechseln nicht das Thema, und es fehlt ihnen Humor. Sie wissen nicht, wie sie den Umfang der Information dem Interesse des Zuhörers anpassich, unterbrechen den Gesprächspartner immer wieder und zeigen kein Interesse an anderen. Manche spezialisieren sich darauf, andere auszufragen, neigen zu persönlichen Kommentaren, fordern Meinungsverschiedenheiten heraus und üben Kritik, selbst an völlig Fremden.

Das unkommunikative Verhalten von Kortschnoi und Spasski schützt sie davor, ihre Gedanken zu verraten.

sen sollen, Gedanken werden in solch allgemeinen Sätzen formuliert, daß man ihnen nur mühsam eine detaillierte Information entnehmen kann, oder sie berichten so viel Details, daß es den Zuhörer ermüdet. Manche Patienten äußern nie eine Meinung, eine Ansicht oder ein Gefühl; sie sagen nichts über sich selbst. Andere wiederum sprechen nur über sich und über ihre Probleme; sie reißen sofort das Gespräch an

Nonverbale Signale ergänzen verbale auf verschiedene Weise. Einigen Patienten gelingt es nicht, das Gespräch an den Partner zu übergeben, sie kennen nicht das nonverbale Äquivalent des ‚Punkts', so daß der andere nie weiß, wann sie zu Ende gesprochen haben; sie unterlassen es, Startsignale auszusenden, man weiß nicht, wann sie sprechen wollen, und sie beachten die Hinweise nicht, die signalisieren, daß der andere sprechen will oder das Gespräch abgibt. Infolgedessen kommt keine Unterhaltung in Gang; es treten peinliche Pausen auf, und man fällt sich gegenseitig ständig ins Wort.

Es gibt auch noch andere Probleme. Manche sprechen so leise, daß es große Anstrengung kostet, ihnen zuzuhören; ihrer Artikulation fehlen Akzente, was Langeweile und Verwirrung über den Inhalt des Gesagten hervorruft. Während gute Sprecher nonverbale Signale einsetzen, um zu zeigen, ob ihre Worte lustig, sarkastisch oder ernsthaft gemeint sind, lassen diese Patienten ihre Zuhörer im unklaren, so daß diese sich unbehaglich fragen: „Meint er es ernst? Soll ich lachen? Was soll ich tun?“

Belohnung

Personen mit unzulänglichem Kommunikationsverhalten werden von anderen als nicht ‚belohnend‘ betrachtet, d. h. es gelingt ihnen nicht, zu reagieren oder ein Feedback zu geben. Sie verschaffen den anderen nicht die kleinen, erfreulichen Annehmlichkeiten des Alltags, ein Lächeln, ein zustimmendes Nicken und ähnliche bestärkende Signale, die darauf hindeuten, daß sie den anderen verstehen; sie zeigen kein Interesse, sie bedanken sich nicht, sie loben nicht, sie machen keine Komplimente, bieten weder Sympathie noch Hilfe an, sie machen keine Geschenke und laden niemanden ein. Sie unterlassen es, sich dafür zu entschuldigen, wenn sie jemanden

Unsicherheit bei der Selbstdarstellung kann dazu führen, ignoriert zu werden.

unterbrechen und geben auch keine Erklärung für ihr Verhalten ab. Sie reagieren nicht auf Lächeln und bedanken sich nicht für das Angebot, ihnen zu helfen, wodurch der andere das Gefühl bekommt, übergangen oder gar beleidigt zu werden.

Einfluß und Kontrolle
Personen mit mangelnden kommunikativen Fähigkeiten können sich nicht behaupten und sich nur schlecht kontrollieren. Sie initiieren selten Begegnungen, finden es aber schwierig, sich zu verabschieden. Sie wechseln nicht das Gesprächsthema, bringen keine neuen Gedanken ein und geben keine Ratschläge. Es fällt ihnen schwer oder es ist ihnen sogar unmöglich, Bitten zu äußern, ganz zu schweigen davon, etwas zu fordern, sich zu beklagen, zu kritisieren, zu überreden oder Vorschläge zu machen.

Selbstdarstellung
Viele Patienten haben große Schwierigkeiten bei der Selbstdarstellung. Entweder sind sie zu bescheiden oder ihre Schwächen hemmen sie. Einige übertreiben; sie prahlen hemmungslos, selbst gegenüber relativ unbekannten Personen. Andere stellen sich unangemessen dar. Eine Studentin kleidete sich wie eine Sechzigjährige und benahm sich auch entsprechend. Andere präsentieren eine ‚falsche Fassade', d. h. sie geben vor, etwas zu sein, was sie nicht sind.
Manche unserer Patienten mit sozialen Ängsten fürchten ein Versagen bei der Selbstdarstellung (Zittern, Erröten, Übelkeit). Mit diesen Problemen kommen Menschen zu uns, von denen es niemand erwarten würde. Ein reicher Industrieller, der großes Geschick in der Leitung von Aufsichtsratssitzungen besaß, hatte panische Angst davor, seinen Ruf zu verlieren. Er fürchtete, auf einer Party außer Kontrolle zu geraten und so sein Image in der Öffentlichkeit zu zerstören.

Training sozialer Fähigkeiten

Einem Menschen, dem elementare soziale Fähigkeiten fehlen, wird wenig geholfen, wenn man über seine Probleme spricht oder die Symptome behandelt. Er braucht eine Methode, mit der er neue Verhaltensweisen lernen kann.
Normalerweise nimmt dies zwanzig Jahre oder länger in Anspruch – die Zeit, die der Mensch braucht, um erwachsen zu werden. Ein Trainingsprogramm muß erheblich kürzer sein – etwa zwanzig Stunden sollten zum Erfolg führen! Aus Untersuchungsergebnissen wissen wir, daß drei Aspekte besonders wichtig sind:

Anleitung
Eltern sagen ihren Kindern sehr deutlich, wie sie sich zu verhalten haben: „Sag guten Tag! ... Sag auf Wiedersehen! ... Sag Dankeschön! ... Sieh mich an! ... Unterbrich mich nicht!"
Jugendliche lernen voneinander. So zeigen sich zum Beispiel Jungen gegenseitig, wie man mit Mädchen flirtet.
Verhaltenstherapeuten gehen im Prinzip genauso vor. Sie zeigen ihrem Patienten richtiges Verhalten. Er lernt im Gespräch die Augen zu benutzen, eine Begegnung herbeizuführen und angenehm zu gestalten. Man zeigt ihm Videobänder seines Verhaltens, und er ist oft höchst erstaunt über seine Wirkung auf andere.

Ein Vorbild ist besser als Vorschriften.

Modelle

Die meisten Menschen eifern zu verschiedenen Zeiten ihres Lebens einem bewunderten Vorbild nach. Kleine Jungen und Mädchen kopieren ihre Eltern in Rollenspielen. Später imitieren sie erfolgreiche (mitunter unglücklicherweise auch weniger erfolgreiche) Kameraden, besonders ältere. Viele erfolglose Menschen hatten erfolglose Eltern, oder in den entscheidenden Jahren der Entwicklung fehlte ihnen eine Gruppe Gleichaltriger.
In Therapiegruppen demonstriert der Therapeut Stimmungen, Emotionen und Gespräche, die Patienten üben das gezeigte Verhalten und lernen voneinander.

Verstärkung

Anleitung und Vorbilder wirken als Verstärkung. Gebilligtes Verhalten wird belohnt, unerwünschtes entweder bestraft oder ignoriert. Der Therapeut wird den Patienten für ein erwünschtes Verhalten immer freundlich belohnen – etwa durch eine einfache Bemerkung wie: „Gut gemacht!", die von einem Lächeln oder Schulterklopfen begleitet wird.
Der Patient wird oft auch spontan belohnt, wenn er zum Beispiel zum ersten Mal feststellt, daß andere sich ihm gegenüber natürlich verhalten. Jemand, der aus Angst andere immer finster ansieht, hat wohl kaum je ein Lächeln bekommen. Wenn der The-

rapeut ihm bewußt macht, wie sein Verhalten auf andere wirkt, ihm Schritt für Schritt neue Verhaltensweisen zeigt und der Patient beobachtet, wie sein neues Selbst wächst, dann kann die neue Erfahrung Belohnung genug sein.

Lächeln und Schulterklopfen sind nicht für jeden eine Belohnung. Manche Patienten müssen lernen, auf die sozialen ‚Verstärker' zu reagieren. Ein Mensch, dem Lächeln höchstens zufällig zuteil wird, kann daraus keine Regel ableiten, und das Lächeln ist deshalb für ihn bedeutungslos. In der Gruppe wird er lernen, daß es sich dabei um ein Zeichen von Freundlichkeit und Zustimmung handelt.

Auf diesem Weg lassen sich alte Verhaltensmuster ändern, auslöschen oder neue Methoden entwickeln, um sie zu ersetzen. Während der Patient lernt, sich und die Welt auf neue Weise zu erfahren, und sich ihm das soziale Leben öffnet, wird er ein ‚neuer Mensch'. Dies geht schneller und ist vielleicht auch wirkungsvoller als viele andere Formen der Psychotherapie, denn Ausgangspunkt ist dabei das Grundproblem: die Verständigung von Mensch zu Mensch.

Register

Bildquellen

Sheila Bennet 89;
Yael Braun 35;
Bob Bray 36, 73;
Ron Chapman 11, 71, 74 (rechts), 127, 129;
Colorsport 27;
John Drysdale (Camera Press) 9;
Mary Evans Picture Library 86;
Fotomas 59;
Globe Photos (Rex Features) 33, 118;
Henry Grant 49;
Greenhill 83;
C. H. Henshall 39, 50;
Israel Sun 24, 88;
Robert Judges 120;
Judy Kristal 15 (oben), 18;
Gunnar Larsen (Rex Features) 90;
Sheelah Latham 81;
Lisa Mackson 13, 42, 43, 46, 62, 84, 87, 95, 99, 105, 107, 110;
Charles Marriott 37;
David McEnery (Rex Features) 32, 69;
Margaret Murray 26 (rechts);
Pruszkowsky 96;
Rex Features 15 (unten), 38, 44, 48, 55, 74 (links), 80, 95, 101, 102;
Sipa Press 31, 112, 126;
Sunsen 12 (unten);
Homer Sykes 22, 26 (links), 60, 68, 82, 123, 125;
Vente 17;
John Walmsley 63;
Weiner Library 51;
Zefa 8, 12 (oben), 23, 47, 52, 56, 79, 93, 114, 115;

Über psychische Erkrankungen

Berthold Rothschild
Seelische Notsituationen
Verstehen und Helfen
Unter Mitarbeit von Franz-Xaver Schmid, Thomas Schnyder und Wiltraud Thust
1980, 232 Seiten, lam. Broschur, DM 16,80
ISBN 3-407-85003-4

Jeder, der unmittelbar oder mittelbar mit psychischen Störungen und Krisensituationen zu tun hat, sollte dieses Buch lesen. Noch nie wurde Psychiatrie, ihre Diagnosen, Arbeitsweisen und Einrichtungen sowie ihre rechtlichen Rahmenbedingungen, so leicht verständlich und einfühlsam einer breiteren Öffentlichkeit zugänglich gemacht.
Der Autor hat damit einen wichtigen Beitrag zur Enttabuisierung und „Normalisierung" psychischer Erkrankungen geliefert.
Wer beruflich mit solchen Problemen in Berührung kommt, aber auch und gerade die Betroffenen selbst und ihre Angehörigen werden aus diesem Buch Nutzen ziehen.

Inhalt:
Grundbegriffe der Psychiatrie und Psychologie • Störungen der Alltagsfunktionen • Störungen im Alter • Sucht und Abhängigkeit von Genußmitteln, Medikamenten und Drogen • Akute Situationen • Störungen der Gefühlswelt • Störungen der Realitätsverarbeitung • Das psychiatrische Versorgungssystem • Probleme bei Kindern und Jugendlichen • Die psychologische und psychiatrische Versorgung der Kinder und Jugendlichen • Vorurteile und Fehlmeinungen • Rechtsansprüche und Rechtsstellung psychisch Kranker

BELTZ
Beltz Verlag, Postfach 1120, 6940 Weinheim
Verlag Beltz Basel, Postfach 2346, 4002 Basel